培养完美女孩的88个好故事

王新荣 编著

北京工业大学出版社

图书在版编目(CIP)数据

培养完美女孩的88个好故事／王新荣编著. — 北京：北京工业大学出版社，2013.7(2021.5 重印)

ISBN 978-7-5639-3577-2

Ⅰ. ①培… Ⅱ. ①王… Ⅲ. ①故事-作品集-世界 Ⅳ. ①I14

中国版本图书馆 CIP 数据核字(2013)第 134972 号

培养完美女孩的 88 个好故事

| 编　　著：王新荣 |
| 责任编辑：李　华 |
| 封面设计：李尘工作室 |
| 出版发行：北京工业大学出版社 |
| 　　　　　(北京市朝阳区平乐园 100 号　100124) |
| 　　　　　010-67391722（传真）　bgdcbs@sina.com |
| 出 版 人：郝　勇 |
| 经销单位：全国各地新华书店 |
| 承印单位：天津海德伟业印务有限公司 |
| 开　　本：700 mm×1000 mm　1/16 |
| 印　　张：11.5 |
| 字　　数：298 千字 |
| 版　　次：2013 年 7 月第 1 版 |
| 印　　次：2021 年 5 月第 2 次印刷 |
| 标准书号：ISBN 978-7-5639-3577-2 |
| 定　　价：28.00 元 |

版权所有　翻印必究
(如发现印装质量问题，请寄回本社发行部调换 010-67391106)

目　录

第一章　尊严——自尊自爱的女孩最高贵

尊严对一个人来说非常重要。女孩的自尊和男孩的自尊不太一样，只有懂得自尊自爱的女孩才是最高贵的。自尊自爱是指一个人具有积极意义的品质，死要面子、追求虚荣、盲目骄傲等不是自尊，而是一种自卑的表现。如果一个女孩连她自己都不知道珍爱自己，那她就不能昂首挺胸地站立起来。女孩的自尊心需要培养与呵护，一旦受到伤害，就会留下难以愈合的伤口，甚至会影响她的一生。为此，父母应该好好地培养与呵护女孩的自尊心。

1. 每一个生命都是奇迹 / 2
2. 毛毛虫的抱怨 / 5
3. 想自杀的彤彤 / 8
4. 倩倩的穿着 / 11
5. 女儿的日记 / 14
6. 晴儿的家教学生 / 16
7. 寻找爱与规训之间的天平 / 19
8. 盲目虚荣不是自尊自爱 / 21

第二章　善良——充满爱心的女孩最友爱

一般情况下，在父母的娇生惯养中长大的孩子，多半只知享受，不知付出；只知道爱自己，不知道爱别人。其实，这并不是说孩子天生就缺乏爱心，而是因为孩子早已习惯了不断地获取，觉得别人为她做的一切事情都是应该的，却不知道自己应该学会感恩。天长日久，孩子就会变得唯我独尊、缺乏爱心和责任感。因此,父母一定要重视对女孩爱心的培养,这是孩子将来立身社会的基础和前提。

9. 温暖人心的钢琴曲 / 26

10. 玛丽的手 / 29

11. 要有与人为善的态度 / 31

12. 勿以善小而不为 / 34

13. 为陌生人撑开一把伞 / 37

14. 勇敢地去做正确的事 / 40

15. 爱的传递 / 43

16. 战地天使——克拉拉·巴尔顿 / 46

第三章 自信——充满自信的女孩最阳光

自信是一个成功者极其重要的心理素质之一。但是,自信并非与生俱来,必须由父母对孩子从小加以正确引导,使孩子逐渐学会相信自己,建立起自信。自信心在孩子的成长过程中所起的作用是无法估量的,也是成功的秘诀之一。为此,父母一定要特别注意对女孩自信心的保护和培养。父母要相信,唯有自信的女孩才最阳光。

17. 做事要满怀信心 / 50

18. 帮妈妈拿包的小女孩 / 53

19. 自强不息的田径女英雄奎罗特 / 55

20. 海伦·凯勒的奇迹 / 59

21. 小亭的小红花 / 62

22. 不要让女儿太娇气 / 65

目录

23. 自信是走向成功的第一秘诀 / 67

24. 自信本身就是一种美 / 70

第四章 气质——气质优雅的女孩最脱俗

有位名人曾说过:"友善的言行、得体的举止、优雅的风度,这些都是走进他人心灵的通行证。"是的,中华民族历经几千年风雨变幻,沧海变成桑田。但不管时代如何变迁,一代又一代年轻人的审美观如何变化,人们的一个观念却不会变化:他们永远喜欢气质优雅的女孩。气质优雅的女孩柔性、大气、得体,也只有这样的女孩,才是最讨人喜爱的,更是最脱俗的!

25. 莲莲的行为举止 / 74

26. 细心引导的柔柔妈妈 / 77

27. 化妆三境界 / 80

28. 温柔是一种强大的力量 / 83

29. 埃斯泰·劳德的推销收获 / 86

30. 茹茹家来了客人 / 89

31. 才女徐静蕾的成长 / 91

32. 重视艺术修养的培养 / 94

第五章　交际——善于交际的女孩最受欢迎

有位哲人这样说过：一个没有交际能力的人，犹如陆地上的船，是永远不会漂泊到人生大海中去的。的确，在现代社会，是否具有与人和谐相处的能力，对女孩的一生有着重大的影响。因为孩子在学校要和老师、同学们相处；长大成人后要和上司、同事们相处；出差时要和很多陌生人相处……如果孩子能够很好地处理这些关系，她的发展前途甚至命运将会顺风顺水。可以说，善于交际的女孩是最受欢迎的、最讨人喜欢的。

33. 灵灵不喜欢和朋友一起玩 / 98
34. 瑶瑶不喜欢与人交往 / 101
35. 朋友多了路好走 / 104
36. 信守诺言的宋庆龄 / 106
37. 你与之交往的人就是你的未来 / 110
38. 懂礼貌的勤勤人人夸 / 113
39. 善于交际的婧婧 / 116
40. 一节手工课 / 119

第六章　学习——努力上进的女孩最优秀

兴趣是孩子学习知识的原动力，激发孩子的学习兴趣，能够令孩子的学习从自发走向自觉。然而，在日常生活中，有些孩子对学习没有恒心，不是虎头蛇尾，就是半途而废。学习是一个漫长的过程，不可能一蹴而就，其中必然要经历诸多挫折，遭遇诸多困难。因此，父母一定要重视起来，要有技巧地培养女儿的学习兴趣，让女儿变得努力上进、持之以恒。

41. 勤奋刻苦的玛丽 / 124

目录

42. 乐在读书中的李清照 / 127

43. 学习不能好高骛远 / 131

44. 奥运冠军邓亚萍的学习计划 / 134

45. 海森堡的成长 / 137

46. 学途坎坷的塔吉娅娜 / 140

47. 娇娇的学习环境 / 143

48. 综合素质突出的张恬 / 146

第七章 习惯——习惯良好的女孩最完美

有句话这样说:"播种行为便收获习惯,播种习惯便收获性格,播种性格便收获命运。"可以说,习惯就是人生命运的主宰。养成良好的生活习惯,不仅利于他人,还利于自身的发展。成功的教育都是从良好习惯的养成开始的。如果父母能够教育出一个拥有好习惯的孩子,将会让孩子受益终身。面对孩子表现出的很多坏习惯,比如乱花钱、懒惰、做事磨蹭拖拉、不讲卫生、不懂得珍惜时间等,父母又该如何引导呢?父母要想培养出健康、阳光的女孩,一定不能对女孩子过于娇宠,要下狠心培养女孩良好的生活习惯。

49. 会理财的小英子 / 150

50. 惰性能毁掉人的理想 / 154

51. 胡静改掉了磨磨蹭蹭的坏习惯 / 157

52. 干净整洁的女孩惹人爱 / 160

53. 珍惜时间是成就卓越的保障 / 162

54. 健康饮食才能茁壮成长 / 166

55. 爱体育锻炼的女孩身体好 / 169

56. 对女秘书口述的格言 / 172

前　言

　　孩子，是上帝送给父母最好的礼物。但上帝似乎对女孩更加偏爱一些，赋予女孩更多美好的天性：美丽、温柔、善良、可爱、端庄、娴雅、细致、婉约、灵秀……似乎，所有美好的词语都用在女孩的身上，也无法言尽女孩的美好。女孩，简直就是下凡人间的天使，给人带来快乐与美好。

　　不过，人们又常说：每个人都是被上帝咬了一口的苹果。也就是说，每个人都不是完美的。是的，每个人都不可能是完美的，但绝不能丢失一颗不断追求完美的心。诚然，每个女孩都具有上帝赋予她的美好天性，但她身上必然存在着这样或那样的不足。为此，父母要拥有一个完美的女儿，那么对她早期的培养和教育就非常重要。父母应该从小对女孩进行多角度、多层次的立体培养。

　　完美的女孩是有尊严的，自尊自爱的女孩最高贵；
　　完美的女孩是善良的，充满爱心的女孩最友爱；
　　完美的女孩是自信的，充满自信的女孩最阳光；
　　完美的女孩是有气质的，气质优雅的女孩最脱俗；
　　完美的女孩是善于交际的，善于交际的女孩最受欢迎；
　　完美的女孩是热爱学习的，努力上进的女孩最优秀；
　　完美的女孩是有良好习惯的，习惯良好的女孩最动人；
　　完美的女孩是懂得感恩的，心怀感恩的女孩最美丽；
　　完美的女孩是勤谨的，勤劳谨慎的女孩最成功；
　　完美的女孩是乐观的，乐观开朗的女孩最幸福；
　　完美的女孩是宽容的，懂得宽容的女孩最可爱。

培养完美女孩的88个故事

　　本书通过大量精当的事例和简明的理论，分别从培养女孩的自尊自爱、培养女孩的善良友爱、培养女孩的阳光自信、培养女孩的优雅气质、培养女孩的社交能力、挖掘女孩的学习潜力、培养女孩的良好习惯、培养女孩的感恩孝顺、培养女孩的勤劳谨慎、培养女孩的乐观开朗、培养女孩的宽容心胸共11个方面展开阐述，为家有女儿的父母讲述了培养完美女孩的88个好故事。这些好故事，不但分析了女孩成长的烦恼和父母不合理的教育，也给父母提出了相应的教育方法，进而帮助发掘女孩独特的潜质，帮助父母培养出自信、美丽、温柔、聪明、成功的完美女孩！

　　总之，衷心希望本书能够成为父母培养完美女孩的良师益友。鉴于编者的水平有限，书中不成熟之处恳请读者朋友给予批评指正并提出宝贵意见和建议！

第一章
尊严——自尊自爱的女孩最高贵

尊严对一个人来说非常重要。女孩的自尊和男孩的自尊不太一样,只有懂得自尊自爱的女孩才是最高贵的。自尊自爱是指一个人具有积极意义的品质,死要面子、追求虚荣、盲目骄傲等不是自尊,而是一种自卑的表现。如果一个女孩连她自己都不知道珍爱自己,那她就不能昂首挺胸地站立起来。女孩的自尊心需要培养与呵护,一旦受到伤害,就会留下难以愈合的伤口,甚至会影响她的一生。为此,父母应该好好地培养与呵护女孩的自尊心。

1

每一个生命都是奇迹

你见过海龟产卵吗？那是一个奇迹！今年暑假，小王老师带领60多名小营员来到广东惠州的海龟湾，参加"认识生命"夏令营。

在湛蓝的大海边，有一片金色的沙滩，这就是海龟产卵的"产床"。在漆黑的夜晚，海龟妈妈游上岸，在头一天找好的沙滩上，用两只前鳍挖一个大坑，自己卧进去，再继续用力挖一个深坑。由于海龟是海洋生物，没有像乌龟一样的硬爪，不一会儿，海龟的肉鳍已是鲜血淋漓……海龟妈妈就是这样忍着剧痛，把蛋宝宝产在深坑里，然后再用已是伤痕累累的肉鳍扬沙，直到用沙子填满深坑。看到自己的孩子确实没有危险了，海龟妈妈这才"一步三回头"地离开沙滩游回大海。

过一段时间，乒乓球大小的小海龟终于钻出蛋壳，拼命爬向大海，去寻找妈妈。有很多个头小或是有伤残的小海龟会在途中死去或者被其他动物吃掉。但是，剩下的小海龟仍义无反顾地扑向大海的怀抱。令人惊奇的是，30年后，这些小海龟又会回到这片沙滩上生儿育女……

"这太神奇了！海龟居然有记忆，能记住自己出生的地方！"小营员们被深深感动了。"海龟妈妈太伟大了！""我总算明白了，为什么把从海外留学归来的人叫作'海归派'了，原来他们也像海龟一样，从来没有忘记过养育自己的祖国！"

"对呀！"小王老师对小营员说，"世界上每一个生命都是奇迹！人更是奇迹！你们的爸爸妈妈有上亿个精子和卵子，在结合中几乎都壮烈地'牺牲'了，最后只有一个最棒的精子和一个最棒的卵子成功地结合在一起，这才创造了你！所以，你一生下来就是最棒的！你没有任何理由瞧不起自己，更没有任何理由伤害自己的生命。父母生你养你不容易，祖国培养你不容易。你来到这个世界上的任务，就是要把你最'棒'的能力奉献给社会，让世界因为你而变得更加美好！不管别人怎么看你,不管别人怎么说你不行,你都要始终相信自己,立志成为一个有价值的人,回报你的父母,回报你的祖国!妈妈在等你长大,祖国在等你长大。"

读故事悟道理

人生最宝贵的东西就是生命,而生命对于每个人只有一次!人生在世,最多不过百年而已。面对如此短暂的生命,女孩没有理由轻言放弃,因为来到这个世界上实在不容易;面对死亡,更会感受到生命的可贵。因此,更不能让生命的每一天虚度,永远不要陷入因浪费时间、碌碌无为而产生的羞耻和悔恨中。女孩,一定要学会珍爱生命中的一切,不要等到失去了才懂得珍惜。

培养完美女孩指南

从孩子的第一声啼哭开始,父母就开始了他们的艰辛。父母把孩子从一个嗷嗷待哺的婴孩养育到成人,可谓含辛茹苦。但是,很多父母只知道一味地溺爱孩子,或者是由于"望子成龙,望女成凤"的心理所驱使,一旦孩子不上进或不听话就会打骂孩子。殊不知,孩子也具有很强的自尊心,一旦自尊心受损,孩子就会变得心理不健康,甚至是轻视生命。孩子的极端行为无疑会给自己、家庭和社会带来严重的伤害和损失。为此,父母一定要掌握正确的教子方式。教女孩树立正确的生死观,使其爱惜生命,是每一位父母义不容辞的责任。那么,父母究竟该如何做呢?

1. 平时要关注女儿的心理健康

孩子的心理不健康会影响学习与生活,还可能导致一些严重的心理疾病。因此,父母一定要关注女儿的心理健康问题,培养女儿敢于面对挫折与困难的胆量,让女儿拥有阳光般的心态和坚强的性格。

2. 告诉女儿要爱惜自己的生命

父母要让女儿知道,每一条鲜活的生命都是由父母带到这个世界上来的,再由父母辛辛苦苦地养育大,是非常不容易的。轻易地选择结束自己的生命,这对父母是一种难以想象的伤害,对不起父母的养育之恩。不爱惜自己的生命是懦弱的表现,是对自己的不负责,更是对父母的不孝。

3. 帮助女儿走出困境

如果女儿因为受挫而长时间沉湎于焦虑与痛苦,那是非常危险的。父母要引导她正确看待挫折,让孩子把内心的痛苦、失望说出来,她就会感到放松些。这时,父母需要做的不是训斥或惩罚她,而是耐心地倾听她的诉说,疏导她的情绪,帮她走出困境。

2

毛毛虫的抱怨

一只丑陋的毛毛虫趴在地上,昂着头,双眼紧闭,默默地祈祷。

上帝听到它的祷告,便来到它身边,问:"毛毛虫,你遇到什么难题了吗?"

毛毛虫睁开眼睛,埋怨道:"上帝,您真是太不公平了。"

"我不公平?"上帝惊讶地反问道,"不久之后,你就能变成美丽轻盈的蝴蝶,深受人们的称赞。你再看看蚯蚓,它们一辈子都只能在地上爬行。你还有什么不满意的呢?"

"正是因为您要把我变成蝴蝶,我才觉得不公平。"毛毛虫哭丧着脸说。

这下上帝糊涂了,问:"我把你变成蝴蝶,你还说我不公平,这是什么道理?"

"尊敬的上帝,"毛毛虫解释说,"我现在是丑陋的毛毛虫,只能缓慢地爬行,而且人见人怕,受尽冷言冷语;可将来我变成了美丽的蝴蝶,却能翩翩起舞,而且人见人爱,受到赞美夸奖。你说,我一下掉进地狱,一下又飞上天堂,这对我公平吗?"

"你的意思是,你对自己前后的反差不太满意。"上帝说,"那你希望我怎么做呢?"

听了这话,毛毛虫马上央求道:"仁慈的上帝,我也不想让您再赏赐我什么,只希望您能调节一下。我现在长得很丑,您就把我的行动变得迅速点儿;等我变成蝴蝶后,再把我的行动变得缓慢儿,您看这样行吗?"

"呵呵,"上帝笑着说,"如果这样做,恐怕你就活不长了。"

"怎么会?"毛毛虫奇怪地问。

"你想想,"上帝开口说,"如果你拥有蝴蝶的美丽,却只有毛毛虫的速度,不是一下子就被人类抓住了吗?"

毛毛虫点点头,觉得这话很有道理。

上帝接着说:"另外,虽然你现在行动缓慢,但也安全啊。正是因为你长得难看,所以别人不会碰你。"

"对不起,上帝,我错怪您了。"毛毛虫从此再也不抱怨自己长得丑了。

读故事悟道理

人们都惊艳于蝴蝶的美丽,但很少有人会联想到,它们曾经是丑陋的毛毛虫。在这个世界上,没有完美的事情。因此,女孩千万不要为自己的一些缺点而感到自卑,也不要抱怨上帝不公平。只有懂得热爱自己的人,才能发现自己的优势。放大自己的优点,缩小自己的缺点,学会接受自己、爱自己,相信总有一天,自己也能蜕变成美丽迷人的蝴蝶,飞向绚丽多彩的大自然……

培养完美女孩指南

"金无足赤,人无完人。"每个人身上都会存在着或多或少的缺点。尤其是对女孩来说,随着年龄的增长,她们会越来越关注自身存在的缺点或者优点。一旦有了这种意识,女孩最容易放大自身的缺点,忽略自身的优点。那么,家长应该如何引导孩子走出这种不良心理障碍的误区,让女儿学会接受自己、爱自己呢?

1. 要让女儿正确认识自己、接纳自己

人们需要对自己的品质、性格、才智等各方面有一个明确的了解,才能在生活中获得较为满意的结果。除此之外,不要讨厌自己,不要因为羞怯就容忍自己的短处,不要看不到自己的价值,只看到自己的不足,什么都不如别人,处处低人一等。例如,有的孩子总认为自己学习不好,觉得天生愚笨,不敢跟别人比;有的孩子认为自己拙嘴笨舌,不善辞令,就会丧失信心,产生厌恶自己并否定自己的自卑感,在与人交往中就缺乏勇气,缺乏积极性和主动性。连自己都不信任自己的人,当然很难引起别人的兴趣和注意,这又恰恰助长了自卑,如此形成了"恶性循环",越发增长了羞怯和自卑。因此,父母要经常给女儿以鼓励,让她不但能认识自己,还要全面接纳自己。

2. 要让女儿学会正确与他人比较

自卑感强的人往往拿自己的短处跟别人的长处比,其实,这样越比越泄气,越比越自卑,有的孩子因为学习不好而产生自卑就是这个原因。

如果女儿学习不好,父母就不应该拿孩子与学习成绩好的同学相比。如有的父母经常说:"你看看隔壁的小刚,他的成绩就那么好,为什么你的成绩就这么差?"这种比较只能使女儿越比心情越糟。其实,在比较中扬孩子的长、避孩子的短,往往更能增强其自信心。

3. 要提高女儿各方面的能力

能力弱往往容易自卑,要真正丢掉自卑就要提高能力。"勤能补拙",父母可以让女儿多给自己设置困难,多尝尝战胜困难的滋味,成功体验多了就能增强自信,而且能改变周围人对自己的看法,提高自己在他人心中的地位。慢慢地,女儿就会越来越自信、越来越珍爱自己了。

3

想自杀的彤彤

彤彤是个胆子很小的女孩。她从小生活在爷爷奶奶身边,爷爷奶奶对她精心呵护,日常生活中事无大小几乎都替她包办了,慢慢地,彤彤形成了内向、胆怯的性格。

后来,彤彤回到父母身边生活。父母非常爱她,但是看到她笨手笨脚或者学习不认真的时候,就会恨铁不成钢地责骂她。他们经常说的一句话是:"我们都是为了你好,你怎么就这么不争气呢?"

爸爸脾气比较暴躁,彤彤在他面前经常吓得什么都不敢说也不敢做。有一天,家里来了客人,爸爸让彤彤给客人倒水,她一不小心将茶杯摔在了地上。爸爸当着客人的面就劈头盖脸地骂道:"你真是个笨猪!怎么连这么点儿小事都干不好?"

生性敏感的彤彤羞愧得无地自容,当天晚上,彤彤做了一个噩梦,梦里看见爸爸恶狠狠地指着她的脸。从此以后,彤彤看到爸爸就紧张,越紧张越是出错,每当这时,爸爸都毫不留情地训斥她。

彤彤稍大一点时,自尊心更强了,而且也变得很倔强,爸爸再骂她的时候,她就强忍住不哭。看见女儿这样,爸爸竟然感到家长的威严受到了挑战,于是他骂得更严重,每次都要骂得彤彤忍不住哭出声来才肯罢休。在哭声中,彤彤初萌的自尊心已经满是裂纹。

妈妈也是一样,她总是担心彤彤学坏,从来不相信女儿的辩解。除了每天都要询问彤彤在学校的情况外,妈妈甚至偷偷查看彤彤的日记和信件。有一天,彤彤正在书房里写信,妈妈悄悄地走近,彤彤发现后下意识地将信纸一捂,这反而引起了妈妈的警惕,她坚持非看不可。结果,在激烈的争夺战中信纸被撕成碎片,气喘吁吁的妈妈在责骂了女儿一番后转身离去。

妈妈肯定没有意识到,在她上来抢信的一刹那,女儿的自尊已经受到了严重的伤害。

爸爸妈妈是爱彤彤的,这一点毋庸置疑,然而父母用专制建立了他们的家长威严,使彤彤丝毫没有感觉到被尊重。温良谦恭的外表下隐藏着彤彤的敏感和孤僻,严重的时候,她甚至想到了自杀。

读故事悟道理

彤彤的父母之所以这样对待女儿,正是因为他们从来没有把女儿当成一个独立的个体。由于传统思想的影响,很多父母已经习惯了把女儿当成私有的一部分。也就是说,虽然他们宠爱女儿,不过女儿终究只是他们的附属品,必须听命于他们。

父母把女儿视为自己一部分的观念如果长期深植于人心,就很容易造成女儿离不开父母的结果。这种家庭培养出来的女孩会习惯性地依赖家庭、听父母的话,即使走上社会后也时时需要父母的帮助和保护。如果父母把女儿当成独立个体对待,那么她的独立性就会在成长中逐步增强。走上社会之后,女儿就能自然而然地适应环境,坚强地面对事业和生活,成为一个勇敢、有担当的人。所以,父母首先应该做的,是有意识地把女孩当成一个独立的个体,尊重、爱护她的独立人格。

培养完美女孩指南

父母要想让女儿自尊自立、健康地成长,首先要把她看成一个独立的个体,把她看成与自己平等的人,让她感觉到被尊重。但是,父母却常常忘记这一点,总是忍不住凭自己的主观臆断任意安排她的生活,于是女儿只能按照父母的决定去做。渐渐地,她会感觉到沉重,很想对父母说"不",但是她一直被教育要听话,所以连"不"也不能说了,只好用被动的方式去反抗。随着年龄的增长,不管父母怎么压制,女孩的自主意识都会越来越强,她已经不再愿意什么事情都听父母的了,她有了自己作决定的需求,如果这种需求长期不被满足,她的自主意识就会被抑制,自信心就会受打击。这样就很可能导致她产生消极的自我评价,如果这种消极心态一直深植于她的内心,势必影响她以后的人生路。

所以,为了避免这种现象的产生,父母应该注意:

1. 要适当对女儿进行鼓励、赞扬

教育专家建议,维护孩子的自尊心应积极鼓励,适当赞扬或给予奖励,使孩子在自豪中建立自尊。孩子虽然是女孩,却也难免争强好胜,这是有上进心的表现,她们都希望得到成人的赞许。但由于少不更事,孩子难免出现错误或做事情不如大人意。对此,父母不能过多责备孩子,而应抓住其微小的进步,激发孩子的积极性,使她们更好地克服不足,在不断的进步中增强自尊心。

2. 不要粗暴地对待女儿

父母不要简单粗暴地对待孩子,使孩子在愤恨中失去自尊心,而应该循循善诱,就事论理,使孩子在不知不觉中建立自尊。

3. 要细心为女儿创造增强自信的机会

女孩通常爱表现自己,喜欢做事,更喜欢成功,这对她们的成长没有什么不好。作为父母,不要怕烦,更不要为了让孩子显得文静就引导孩子退缩,而应尽可能地给她们创造机会,让她们施展才华,并用爱抚的微笑、诚恳的赞许鼓励孩子进步。这样不但使孩子增强了自信心,还可以培养父母与孩子之间的感情,一举两得。

4. 对女儿的自尊要呵护

有些父母在教育孩子时往往显示出父母的派头,以命令式的口气和孩子说话。还有个别父母认为孩子小、不懂事,无所谓自尊心,常常当着众人的面批评、指责甚至打骂孩子。久而久之,孩子就会逐渐感到自卑,缺乏自信,并且与父母之间出现对立情绪。呵护女儿的自尊心,并非要等到她长大懂事后才开始注意,而是要从小就给予呵护,这样女儿才能从小就形成健全的性格。

4

倩倩的穿着

这段时间,已经12岁的倩倩开始喜欢穿磨得破破烂烂的牛仔裤和花花绿绿的T恤。倩倩的妈妈怎么也想不明白:好好的新衣服不穿,却要穿成这样,不知道的还以为她家里多穷呢。

这天,妈妈又看见倩倩站在门外,拿着一块石头在猛擦新牛仔裤的裤脚。这可是新买的牛仔裤,女儿居然这样糟蹋!于是,妈妈马上过去阻止倩倩,对她说:"我小时候哪里有这么好的衣服穿,有一件新衣服就爱惜得不得了,而你现在却这么不知珍惜。你是不是觉得生活条件太好了?你可真让我操心!"

然而,倩倩对妈妈的唠叨充耳不闻,无动于衷地继续擦她的新牛仔裤。

见女儿这种态度,妈妈气极了,大声呵斥道:"你为什么要把新牛仔裤弄成这个鬼样子?"

没想到,倩倩竟然理直气壮地说:"我就是不想穿新的嘛!现在流行穿旧的牛仔裤,新的穿着不时尚。"

妈妈听到这话气不打一处来:新牛仔裤不穿,非要弄得像个乞丐似的,这孩子真是不可思议。

不过,妈妈最终也未能说服女儿,她不得不每天看着女儿一身怪异的打扮:上身穿着旧T恤,上面染着奇怪颜色的花纹;牛仔裤惨不忍睹,膝盖上是两个大洞,裤腿上抹上一些油污,裤脚经过摩擦,多了一把须须。

妈妈实在不理解倩倩的这种怪异行为,又不甘心倩倩这样下去,就想去学校一趟,看一看和女儿同龄的孩子都穿成什么样子。

在倩倩的学校,妈妈发现,这些孩子穿成什么样子的都有,许多女孩的打扮比女儿更怪异、夸张。在回家的路上,妈妈想好了如何对待女儿的穿着。

倩倩放学回来后,妈妈和气地对她说:"今天我到你们学校去了,看了看你们的穿衣打扮。也许我对你的那条牛仔裤反应过度了些,不过,从现在开始,去上学或出去玩,你爱穿什么就穿什么,我不再过问。"

"妈妈,你真的不再反对我这样穿了吗?太好了!"女儿兴奋地跑过来搂住妈妈的脖子。

"是的。不过,我还有一个条件,陪我逛街或拜访长辈的时候,你要穿得像样点。"妈妈说。

倩倩听了此话一言不答,她显然是在考虑。

妈妈看着倩倩,继续说:"你看,这样做你只需让步百分之一,而我却得退百分之九十九,你想一想,到底是谁划算?"

倩倩听了眼睛一亮,高兴地抱着妈妈说:"好吧,妈妈,就按你说的办,咱们一言为定。"

从此以后,妈妈再也不对倩倩的穿着唠叨半句,而倩倩和妈妈一起出门时,也主动打扮得得体大方。她们成了无所不谈的朋友式母女,倩倩还经常骄傲地跟自己的同学说:"我有一个最能理解我的好妈妈!"

读故事悟道理

可见,父母建立和女儿之间相互信任的最佳手段,莫过于把自己放到女儿的位置上,站在她的角度去看问题,因为女儿毕竟年龄还小,阅历也浅,她对很多事情的看法不可能跟父母相同。父母只有放下家长的架子,尊重女儿,以平等的身份对待她,才能与她建立相互之间的信任,让她向你敞开心扉,从而实现良好的沟通。

培养完美女孩指南

在家庭教育中,父母与女儿之间往往有太多不同的看法,如果双方都坚持自己的意见,站在自己的角度去看待问题,就无法达成一致,更别说沟通顺畅了。如果父母能够站在女儿的角度上,用她的眼光去看待事情,矛盾也许就能得到圆满的解决。那么,父母在日常生活中具体该怎么做呢?

1. 不要总以成人的眼光去看待女儿

成人一般习惯用实用的眼光看待事物,只有涉世未深的孩子才会用审美的态度和童心去感知世界。所以,父母应该放弃成见,用心去体会女儿眼中的一切,这样才能正确地引导她。

2. 要允许女儿有新的想法和做法

即便父母不能接受女儿的想法,也要明白女儿的想法和做法不一定是错误的,要心平气和地与女儿探讨。当然,父母也要学会向女儿表达自己的要求,希望女儿也能站在父母的角度来想问题。

3. 应该学会换位思考的方法和技巧

当女儿遇到问题时,父母要迅速从女儿的角度去看待问题、分析问题,进而有效地解决问题。只有这样,父母才能快速拉近与女儿之间的关系,实现顺畅沟通。

5

女儿的日记

有一个14岁的女孩喜欢用日记记录自己的想法和每天的活动。妈妈担心女儿胡思乱想,耽误学业,于是经常偷偷翻看女儿的日记。

女孩虽然一直怀疑自己的日记本被人动过,但是一直没有证据。为此,她经常跟爸爸妈妈闹别扭。

有一天,女孩去上学了。妈妈习惯性地走到女儿屋里,开始翻看她的日记。

这次女儿在日记里写的是妈妈,她的文字充满深情:"妈妈,您头上的白头发又多了,我看了很心疼!妈妈,请您一定要珍惜自己的身体。为了表达我对您的爱,我把您的白头发珍藏在日记本里。"

看到这一段文字,妈妈感动得流下了眼泪。然而,她却没有发现本子里有白头发。她以为是自己不小心弄丢了,就从头上拔了一根白发,夹在女儿的日记本里。

晚上,女儿放学回来后径直走进了自己的卧室。一会儿,她拿着日记本跑出来嚷道:"妈妈,您又偷看了我的日记!"

"怎么会呢,那根白头发不就在你的日记本里吗?"妈妈努力为自己掩饰。

"妈妈,我根本就没放白头发。"女儿愤愤不平地说,"我总算找到证据了。拜托,请您不要侵犯我的隐私好不好?"

女儿说完,转头又进了自己的卧室,同时重重地摔了一下门。妈妈站在客厅里,不知所措。她是为了女儿好才千方百计去了解女儿心事的,没想到却让女儿怨恨自己了。

读故事悟道理

有位教育心理学教授曾经提出:"孩子在青少年时期对隐私的需要超过他一生的任何时期。如果你认为隐私对你很重要,那么它对你的孩子更重要。"女孩在成长过程中与父母保持距离、保有自己隐私的感觉会越来越强,这是必然会经历的一个非常正常的阶段。父母应该明白,这是女儿独立意识和自尊意识增强的体现。

培养完美女孩指南

当女孩逐渐走进青春期的时候,她对父母的依赖会逐渐减少,成人化倾向日益明显,希望别人能尊重她的自主性和独立性。同时,因为生活领域的扩大和所接触信息的增多,她的内心会变得敏感起来,感情也趋向细腻,不会再像小时候那样天真烂漫,有什么说什么。这个时候,父母若是紧紧逼问女儿在想什么或者通过种种手段去了解女儿的"秘密",往往会伤害女儿的自尊心,让她的心与自己离得越来越远。因此,父母只有充分尊重女儿的隐私,才能够赢得她的尊重,进而让她信任自己,愿意和自己沟通。具体来说,尊重女儿的隐私应该注意以下几点。

1. 要为女儿创造一个独立自由的空间

在青春期阶段,女孩大多希望有一片属于自己的天地。在这片天地里,她们能够自由地做自己想做的事。所以,如果条件允许,父母要尽量给女儿一间单独的房间,并且在女儿的房间内安装单独的电话,允许她与自己的朋友联系。

2. 不要偷看女儿的日记

女孩的心事大部分都记在日记里。父母不要随便进孩子的房间,更不要偷看孩子的日记,要知道这是在侵犯孩子的隐私。虽然这种方式可以让父母了解女儿的想法,却会让女儿讨厌父母,以致使女儿离父母越来越远。

3. 要对女儿适当指导

孩子正确的人生观尚未形成,是非观念不强,在很多问题上还不能把握好分寸。父母要细心观察孩子的细小动态,在掌握孩子内心的同时,要根据孩子的性格、爱好等适当采取措施,慢慢地把正确的观点传达给孩子,培养孩子分辨是非和处理事情的能力。

6

晴儿的家教学生

晴儿是一位女大学生，课余时间在为一位15岁的初中生做家教。但是她做梦也没有想到，她居然差点就栽在自己家教的学生——一个初中小流氓手里，险些连贞洁都失去了。

那是个15岁的温文儒雅的小男生，晴儿对他的印象一直很好，因为他从来不淘气，而且给人的感觉文质彬彬。没想到，就是这样一个老实的学生，会在她喝的饮料里下药。

那天，晴儿正在给他讲英语的时候，觉得口渴了，于是就要接些自来水喝。学生很懂事地说："老师，你教我很辛苦，我给你拿罐可乐去。"学生跑去厨房，过了好一会儿才回来，递给晴儿一罐打开了的可乐。晴儿接过来就喝了几大口。

然后，晴儿把书本拿起来，继续给学生讲英语，这个时候晴儿感觉眼皮好像有点儿发紧，而且脑袋里嗡嗡作响，接着眼前一片昏花。这时，那个学生边说："老师，您怎么了？"边用双手搂住了她的腰，而后其中一只手就转过来在她身上乱摸。

晴儿的脑袋一片麻木，身体瘫软无力。这时晴儿有些明白了，一定是那个学生捣了鬼，她拼命挣扎。

幸好挣扎中晴儿的胳膊被划了一个口子，她的脑袋一下子清醒了过来。她用尽全身的力气挣脱了那个学生的双手，向门口跌跌撞撞地跑去，并在一片慌乱中拧开门闩，冲出了屋子，歪歪斜斜地冲进电梯，让楼下的保安送自己到了医院。

读故事悟道理

这个世界有时就是这样残酷，伤害在不经意间就可能发生。这就要求做父母的一定要提高警惕,要警告孩子远离可能存在的伤害。作为女孩,她们有时不得不面对一些很可能发生在她们身上的伤害行为,她们需要学会遭遇到不良行为时如何保护自己。一般来说,孩子都非常单纯,就像一张白纸,只知道世界的美好,不知道人心叵测,仍然有很多思想道德败坏的人在破坏着社会的宁静。同时,由于人们的心态变得喧嚣与浮躁,世界也充满了各种各样的诱惑,稍不留意就可能受到伤害。所以,父母一定要教育好女儿、保护女儿,让她学会远离诱惑和伤害。

培养完美女孩指南

女孩是一个特殊的群体,经常处于弱势地位,有时不得不面对一些很可能发生在她们身上的伤害行为。为此,父母一定要教育女儿,不论如何,都要保持机智、勇敢,学会随机应变和灵活处事。那么,父母该如何教女儿保护自己呢?

1. 要让女儿相信自己的力量和了解自己的感情

有保护就有溺爱,尤其是过度保护。这些来自父母的保护可以使女儿获得安全,增大她们健康成长的可能性,但同时也埋没了她们的能力,让她们不再相信自己的力量。

要让女儿相信自己的能力,还要让孩子了解自己的感情,知道自己是高兴还是不高兴。尽管她也会考虑到周围的人的感情,但她不会为了害怕别人难受而让自己的身心受到伤害。要告诉女儿:一定不要让自己被别人利用和伤害。

2. 要教女儿辨别好人坏人

父母要教会女儿如何识别好人与坏人,不要轻易相信别人,尤其是自己一个人遇到不认识的人时,绝对不能跟着别人走。若对方强行拉自己走,要尽量想办法拖延时间,并努力争取好心人的帮助。

3. 要给女儿说"不"的勇气

父母要教女儿学会拒绝,如果女孩知道接受别人的要求以后自己会受到伤害,就要坚决地用"不"表明自己的态度。

4. 要教女儿学会自尊、自爱

对处于青春期的女儿,父母更要多加关心,要多抽些时间陪陪女儿,与女儿进行沟通和交流,让女儿明白,一个女孩最重要的德行操守就是自尊、自重,否则就会被人鄙视和唾弃。

5. 要教女儿学会自我保护

父母要让女儿知道,不论是在家里还是在外面,都要勇于捍卫自己的人身权利。遇到欺负自己的坏孩子,不仅要敢于反抗,还要及时告诉老师和家长,以寻求大人的帮助。当女儿遭遇性骚扰时,要告诉女儿,女孩的身体是最尊贵的,除妈妈外,不允许任何人看,更不允许任何人碰自己的身体。如果在路上或公交车上遇到有人图谋不轨,一定要大声呼喊,或者往人多的地方跑。如果有人对自己无礼,若情况不严重可以不去理睬,若严重了就要大声斥责,不必害怕。

7
寻找爱与规训之间的天平

苏苏以前在弄坏了什么东西的时候,爸爸总不敢对女儿太过严厉地批评,生怕自己的乖女儿以后不理自己。但有一次玩游戏时,苏苏不小心把爸爸的手机摔到床底下去了。等到把手机捡起来检查时,发现手机不发声了。爸爸控制不住,训斥了苏苏,而苏苏见爸爸这样,一气之下跑出了家门,但平静下来后,也觉得自己确实做得不对,便又回来了,这时爸爸已经上班去了。晚上爸爸下班回来时,饭点早过了。听到爸爸门外的脚步声,苏苏飞快跑去开门,并给爸爸拿拖鞋,随后在爸爸吃饭的时候,她又爬上沙发给爸爸捶背,爸爸欣慰地笑了。

读故事悟道理

要想培养好女孩,父母需要懂得寻找疼爱与规训之间的平衡。坚持管教原则,把握好疼爱与规训之间的平衡,尊重孩子的人格和权益,给孩子成长需要的爱,不断培养孩子正在形成的逻辑思维能力,并以此来指导她们的行为。

培养完美女孩指南

对于孩子的个性发展而言,有时候适当的批评不仅不会挫伤孩子的锐气,相反还可以让孩子认识到自己的错误,并积极努力地改正、弥补过错。当然,批评也要得法,要做到"士可杀不可辱"。

1. 父母要学会不以责骂来引导女儿

絮叨的讨论和空洞的威胁只能对孩子产生很小的作用或一点作用也产生不了。一方面,絮叨的效果从来都不如行动,有时对孩子来说就是毫无意义的声音。

另一方面，当孩子发现在她听到的上百次的话语背后并没有真正威胁的时候，她就不再听这些话了。这些口头申斥最重要的缺陷就是它们的使用者最后不得不寻求体罚。这样，父母就不是平静并理智地实施规训，而是失去自控和沮丧，野蛮地痛打对抗的孩子。但如果父母持一种很有把握的平静态度的话，事情完全可能以另一种方式结束。

2. 父母批评女儿要注意超限效应和忌语

刺激过多、过强和作用时间过久，而引起极不耐烦或反抗的心理现象，被称为"超限效应"。超限效应在家庭教育中时常发生。因为孩子一旦受到批评，总是需要一段时间才能恢复心理平衡，而受到重复批评时，反抗心理就会高亢起来。她心里会嘀咕："怎么这样对我?"孩子挨批评的心情就无法复归平静。所以，家长对孩子的批评不能超过限度。家长在批评孩子时应注重"度"，要把握好"分寸"，避免"物极必反"、"欲速则不达"的超限效应。

3. 父母要学会对女儿适当地约束

没有规矩，不成方圆。有的父母对孩子过分疼爱，他们太在意孩子，不忍心加以约束，结果不尽如人意。假如父母过于纵容孩子，孩子要怎样就怎样，证明家长已处在服从地位，孩子就有可能不去听家长的话，也不愿意满足家长的任何要求，所以，为了孩子的健康成长，家长要对孩子进行适当的约束。

4. 父母训诫女儿之后应该张开温暖和充满爱的怀抱

在训诫事件中要有一个充满爱的结局。如果惩罚是孩子"自找的"，她完全明白是罪有应得的话，那么在当初的泪水消失之后往往会表现出对父母的爱。在感情沟通后，孩子通常想要投入父母的怀抱，并且她应该得到一个张开的、温暖的、充满爱的怀抱。在这个时刻父母可以跟她倾心交谈，可以告诉女儿父母是多么爱她，她对父母来说是多么重要。父母可以向她解释她为什么受到训诫和以后她怎样避免犯这种错误。

8
盲目虚荣不是自尊自爱

在一片美丽的大森林里,居住着许许多多可爱的小动物。

一天,森林里要举行一个盛大的舞会,可爱的兔子小姐也接到了邀请函,但她此刻却紧锁着眉头,一点儿也看不出高兴的样子。"唉,我穿什么衣服呀?我那件唯一的晚礼服那么寒酸,根本拿不上台面,怎么办呀?对了!孔雀姐姐有很多衣服,我去向她借一套!"小兔子立刻跑到孔雀家里,向她借衣服。

孔雀在森林里是个公认的乐于助人的大美女,一听小兔子要借衣服,欣然答应,让她自己去挑。刚打开衣柜的小兔子顿时觉得眼前一亮,看着孔雀有那么多漂亮衣服,小兔子很是羡慕。她挑了一件胸前有颗大大珍珠的晚礼服,对孔雀说:"姐姐,我要这件!"孔雀笑了笑说:"小兔子,你可真有眼光,这件衣服是我一个做设计师工作的朋友特意设计给我的,仅此一件哦。""嗯,那谢谢姐姐了,姐姐再见!"拿着晚礼服,小兔子一蹦一跳地走远了。

夜晚,璀璨的星空照亮了大地,森林深处,小动物们穿着各色各样的衣服来参加晚会。小兔子原本就天生丽质,再加上礼服的衬托,更加美丽脱俗,一出场,那颗大珍珠就散发出耀眼的光芒,引来大家惊艳的目光。小兔子更得意了。舞会开始了,有不少动物来请小兔子跳舞。

一直到晚会结束,小兔子看着身上的晚礼服,无比留恋地说:"今天可都是你的功劳,让我在舞会上那么漂亮,唉,这要是我的,该多好啊!咦?那颗大珍珠怎么不见了?"小兔子急坏了,把所有可能的地方都找了个遍,还是没找着。回到家,她哭丧着脸,不知道该怎么办……唉,这就是爱慕虚荣的下场吗?

小兔子在家里想来想去也没个主意,只好乖乖去向孔雀赔礼道歉。"孔雀姐姐,对不起,我向你借的那套晚礼服上的珍珠不见了,实在是对不起!"说完,小兔子深鞠一躬，充满歉意地看着孔雀。孔雀听后，先是惊讶了一会儿，然后叹了口气："唉，算了，都是些身外之物，只要你知错就改，就行了。"小兔子脑子还没转过弯来："孔雀姐姐原谅我了？""小兔子，你要记住，华而不实的东西就算再美，也抵不过由心灵发出的自然美。"孔雀意味深长地说。小兔子想了一会儿，点点头认真地说："哦——我明白了！谢谢孔雀姐姐！"

又过了几天，中秋节到了，森林里要再次召开晚会，这次，小兔子只穿了件十分朴素的晚礼服，但她那恬静的微笑、举手投足间势不可当的魅力，使她再一次成为舞会中的一个闪光点。

从爱慕虚荣到散发出自然魅力的过程，虽然只是一误之差，但本质意义却差了十万八千里。

读故事悟道理

有位著名哲学家曾这样说："虚荣的人被智者所轻视，愚者所倾服，阿谀者所崇拜，而为自己的虚荣所奴役。"在当今社会上，那些张口即谈装扮、开言就是标榜个性风格的女孩把自己打扮得花枝招展，说着一些让人似懂非懂的"超酷语言"，或者唱着一些"不知所云"的歌谣，可就内心来说，她们并没有什么特色可言，就好像打着宣传广告说"我崇尚流行"，而实际上她们的行为只不过是"虚荣心"在作怪，她们根本没有自我，更谈不上真正意义上的自尊自爱。真正意义上的自尊自爱，是一个人具有积极意义的品质，应来自她真的能应对某些挑战，而不是凡事必被赞美。

培养完美女孩指南

孩子虚荣会有碍进步，甚至会形成好忌妒、冷酷的性格。为此，父母要帮助孩子摒弃虚荣这把枷锁，从而摆正自己的心态，树立真正正确的价值观。具体来说父母可以从以下几点去做。

1. 要让女儿正确认识自己

没有虚荣心的女儿更懂得自尊自爱，她们对自己有一个非常清醒的认识，既不高估自己，也不低评自己，她们的全部心思都放在如何提高自己的水平和能力上，而不是与别人进行攀比。

2. 要掌握好正确的比较观

父母在与女儿的交谈中,应该引导女儿多从社会价值而不是从个人价值方面去比较,争取把孩子的眼界放大。例如,比一比个人在社会中作出的贡献,而不是只看到个人的好处,要让孩子更多地关注自己的努力,而不是外在条件的优势。

3. 要帮助女儿树立正确的荣辱观

正确的荣辱观就是对荣誉、地位、得失、面子要持有一种正确的认识和态度。一个人应该有一定的荣誉感,但面子"不可没有,也不能强求"。如果"打肿脸充胖子",过分追求荣誉,反而会使自己的人格受到歪曲。

第二章

善良——充满爱心的女孩最友爱

一般情况下,在父母的娇生惯养中长大的孩子,多半只知享受,不知付出;只知道爱自己,不知道爱别人。其实,这并不是说孩子天生就缺乏爱心,而是因为孩子早已习惯了不断地获取,觉得别人为她做的一切事情都是应该的,却不知道自己应该学会感恩。天长日久,孩子就会变得唯我独尊、缺乏爱心和责任感。因此,父母一定要重视对女孩爱心的培养,这是孩子将来立身社会的基础和前提。

9

温暖人心的钢琴曲

那是在一个圣诞节的夜晚,很多有身份的人聚集在城堡的大厅里,他们正在参加一场盛大宴会。大厅里有闪闪发光的圣诞树,有摇曳的烛光,有两腮长满花白胡须的圣诞老人,有丰盛的美味佳肴。水晶灯下,宾客们舞姿翩翩,他们的欢声笑语随着飞舞的雪花飘散在茫茫的夜空里,空气中隐约飘来了富人餐桌上才有的烤鹅和苹果的香味。

当时20多岁的贝多芬正徘徊在维也纳街头。突然,他遇见了一位在寒风中哆嗦的小女孩,贝多芬问她怎么不在家里欢度圣诞节。小女孩说,她的一位邻居雷德尔老爹正病得厉害。这位老人已经双目失明,他说他有一个愿望,在这个愿望没有实现之前,他是不能死去的,否则他的灵魂就不能升入天堂。美丽善良的小女孩跑到斯提芬大教堂里去求助神父,却被拒之门外。

"他有什么愿望?"贝多芬问道。

"老人想再看一眼森林和大海,到塔希提岛、阿尔卑斯山去看一眼。"小女孩含着泪水说,"多好的老人呀!只可惜没有人愿意帮助他实现这个愿望。"

贝多芬听了,拉起小女孩的手来到雷德尔老人身边。他轻轻地打开了角落里一架尘封已久的旧钢琴。在触摸到钢琴的一刹那,贝多芬仿佛被一种无法言语的感觉指引着,他轻轻地弹奏起来,那么专注,那么自如……

"啊!我看到了!我看到了阿尔卑斯山的雪峰,塔希提岛四周的海水,还有海鸥、森林、沙滩、阳光……全看到了!我的灵魂终于可以升入天堂了!"雷德尔老人说着,激动地拥抱了贝多芬,"尊敬的先生,感谢您在这圣诞之夜,使我看到了想看到的一切——我终生热爱的大自然啊!"

"不要感谢我,是天使一般的女孩把我引到了这架钢琴前。"

贝多芬转身对小女孩说:"请允许我把这首曲子献给你!美丽的女孩,我会带着这首曲子走遍全世界,温暖天下所有需要爱心呵护的人。"贝多芬弯下腰吻别了小女孩,随即走进了夜幕下的都市里。

读故事悟道理

善良是人们极为宝贵的美德,对于女孩来说尤为重要。失去了善良,她们内心就犹如毒蛇,遭人憎恨和厌恶;拥有善良,她们就会如同宝石一般美丽、动人。只有善良的女孩才是富有的,只有善良的女孩才会慷慨地用自己的爱心去帮助别人,这样的女孩更温和有礼、更有吸引力。当一个女孩真正拥有善良这种美德时,她就是美丽的天使。善良的女孩是闪闪发光的宝石,她不但照亮了自己,更照亮了别人的心灵。

培养完美女孩指南

父母一定要在孩子的心灵中撒下善良的种子,让孩子拥有仁慈的品质,长大后成为富有道德情感的正直的人。为了使善良成为孩子的终生品质,父母必须讲究方法,可以从以下几个方面入手。

1. 要使女儿懂得如何才能变得善良

为了教育孩子变得善良友爱,很多父母通常运用说教的方式。其实,父母可以在某些特定的场合下见机行事,简单、随意地向孩子解释一下,让孩子知道所有的人都非常喜欢善良的人。

假如女儿偶尔有些小私心,也没有关系,不必责怪她。这并不说明她本性不善,只是因为她还没有认识到什么对她的成长更好。父母千万不要责怪她,更不能把她的行为定性为"恶",以免挫伤孩子。要让女儿认识到这样做并不好,不是好孩子应该做出的举动,并表示你对此的遗憾,相信她下次会做得好一些。

2. 要赏识女儿的善意举动

从教育学的角度来说,如果孩子做的事得到了肯定和表扬,那么他还会继续这么做。女孩在很小的时候,她的善心就已经逐渐显露。因此,父母要学会赏识女儿的善良,让女儿知道父母希望她这样做,希望从她的举动中看到善意和柔情的美丽。

一个拥有善心的女孩更容易得到人们的肯定,更容易被社会接受,她的事业和生活之路会更温馨、顺畅。维护孩子的善心,应该是父母重要的责任之一。作为父母,应该注重自己的言行,不要破坏孩子善良的本性。

3. 要为女儿创设亲切、友爱的成长环境

作为父母,如果能够以友好和爱的方式来教育、帮助孩子,努力使善意、友好的气氛充满整个家庭,充满孩子成长的每一个细微的角落,那么在这种环境的熏陶下,孩子会非常认可自己的善良本性,也愿意把这个本性坚持下去。

10 玛丽的手

美琳出生在美国纽约一个富裕的家庭。她聪明美丽,并接受了很好的教育。在空闲的时候,她会用那双修长优美且令人羡慕的手弹奏钢琴。优美的琴声悦耳动听,她的演奏技艺得到了周围人的夸赞。

"我的手是最美丽的!"美琳常常这样想。

有一天,美琳对老师说:"罗娜小姐,玛丽的手又红又肿,看起来好粗糙啊!"

"你只看到了表面的东西。我感觉玛丽的手是我们班上学生中最美丽的手!"罗娜老师不同意她的看法。

"怎么会是最美丽的手呢?"美琳说,"她的双手又红又硬,简直就像一把刷子啊。"

"想知道那是为什么吗?那让我来告诉你吧!"罗娜老师说,"你应该记得,玛丽也曾有过一双和你一样细嫩光滑的手。但她的父亲去世后,她每天都很忙碌。她需要帮助她的母亲支撑家庭,她要洗盘子、生火做饭、洗晒衣物。有时候她还为隔壁生病的小女孩洗头发。她富有同情心,总是善良地对待有生命的动物。我曾看到她用那双又红又硬的手在街上轻轻抚摸疲劳的小马和受伤的小狗。现在你明白为什么玛丽的手是最美丽的吗?"

"哦,我对我开始说的话感到非常惊讶,也非常抱歉!我不再认为玛丽的手很难看了,罗娜小姐!"美琳羞愧地说。

罗娜老师说:"那你就通过真诚的行动来表达自己的懊悔吧。请记住,心灵美才是真正的美!"

读故事悟道理

对于女孩来说,美丽不在于穿的衣服有多么华丽,身材有多么诱人,脸蛋有多么漂亮,而在于心灵纯洁善良。因为人的外貌必然会随着岁月的流逝而变化,这是无法改变的自然规律。令人羡慕的外貌美是短暂的,而一个人的心灵美却是长久的。女孩要想让自己永远美丽可爱,就应该毫不吝惜地付出自己的爱心,并保持一颗善良友爱的心。

培养完美女孩指南

爱美之心,人皆有之。爱美本身不是一种错,更不是一件坏事情。但是,作为父母,必须要告诉孩子,美丽通常不仅包含简单的外表美。如果女孩在很小的时候就能把握美的真正标准,那么她长大以后就绝对不会因自己没有很美丽的外表而怨天尤人,而是把大部分的心思用在提高自己的修养和美化自己的心灵上面。因为她已经深谙外表美的缺陷可以用内心美来弥补,而心灵的丑陋却不是外表美可以抵消的。那么,应如何培养孩子的心灵美呢?

1. 不必苛求女儿必须漂亮

父母千万不要苛求女孩就应该长得美。如果以此来评判女孩,那么孩子往往会迷失自己,过分地看重自己的外表。假如女儿很漂亮,父母就要侧重对她的其他方面进行评判,不能将注意力集中在她的外表上。

2. 不必过分在意女儿的美丽

其实,无论是批评还是赞美,虽然父母只是漫不经心,但可能造成影响女儿一生的错误认识。父母若说她鼻子太大或腰长得太粗,她可能终生讨厌那部分。

3. 妈妈千万不要老抱怨自己的外表

一般来说,很多妈妈经常会对着镜子抱怨:"唉!又多了一条皱纹啊!真是岁月不饶人啊,老了!"实际上,作为妈妈,这一态度是错误的,它传达给了爱美的女儿这样一种观念:衰老是可怕的,衰老会让人失去一切,包括自尊。但是,聪明的妈妈却不同,她会给女儿做一个自我肯定的榜样,她会让女儿知道,任何年龄段的人都能够得到别人的尊重。

4. 让女儿明白心灵美才是真的美

聪明的父母会告诉孩子,心灵美是人的教养、涵养、气度的表现。外表美并不一定是真正的美,只有纯洁的心灵美才是真正的美。

11

要有与人为善的态度

珍妮是一个营业部经理,她和一个雇员的关系不是太好,她不喜欢这个雇员的目中无人,并决定找他谈谈。为了避免当众争吵,她打算在家中给他打电话,希望在打电话时就直接告诉他,如果再这样下去,就把他解雇。但她又觉得这样做是不对的,因为她想起了九年前发生的一件事。

那时,珍妮干着一份全日制工作,她不但要承担起全家生活运转的费用,而且要资助丈夫迈克完成学业,所以珍妮平时工作非常努力。终于,迈克毕业的日子要到了,他们的父母将从外地赶来参加他的毕业典礼,而珍妮当然要为那天做一个安排。最终她决定,毕业典礼后去吃冰激凌,然后去镇里潇洒一回。

她兴高采烈地跑进她工作的那家书店。"我要在感恩节后的那个星期六休假,"珍妮向老板罗斯宣布,"迈克毕业了!"

"对不起,珍妮,"老板却说,"假日后的周末是我们最忙碌的时间,我需要你在这儿。"她无法相信她服务多年的老板会如此不通情理。"可迈克和我等这天已经等了五年了啊!"她辩解说,声音因激动而发颤。

"当然,我不会在毕业典礼时给你安排活儿。"老板说。

"我根本就不能来,罗斯,"她的脸绷得紧紧的,"我不会来的!"她气得咆哮着冲了出去。

后来的那些天,珍妮对老板都不理不睬。老板问她话时,她也只是三言两语冷漠地应答。

他们的关系越来越紧张,虽然罗斯看起来依旧热诚,常常是笑脸相迎,可珍妮知道他心里不舒服,而自己也铁了心一定要请一天假。

他们就这样冷战了几个星期。有一天,老板罗斯问她是否愿意和他单独谈谈。

于是，他们去阅览区坐了下来。此时，珍妮盯着自己的脚，自己给自己鼓气，心想无论发生什么都要坚强地承受。显然，老板想解雇她，老板不可能任一个员工这样无礼而无动于衷，毕竟他是老板，而老板总是对的。

当珍妮不屑地冷冷扫视老板时，她惊讶地看到他眼中受伤的表情。"我不想在你我之间存有任何的怒气和不快，"老板平静地说，"你可以在那一天休假。"

珍妮当时不知道该说什么，她感觉到自己的愤怒、狭隘和孩子气的行为在他的谦卑面前是那样的微不足道。"谢谢，罗斯。"她终于"挤"出了一句话。

回想了这件往事之后，珍妮知道该怎样处理她与雇员之间的关系了，她从雇员卡中拿出这位雇员的卡片，拨打了他的号码，并向他道歉。挂电话时，她与雇员间的关系已经和好如初了。

读故事悟道理

与人为善是中华民族的传统美德，是社会和谐的润滑剂，更是人们处理好人际关系的必备素质。一个人只有做到与人为善，才能造就和谐的人际关系。父母一定要注意培养女儿与人为善的优良品德，这样才能让孩子拥有良好的人际关系和美好的人生。

培养完美女孩指南

与人为善不仅是女孩优秀的个性品质，更是女孩应该具备的处世理念。与人为善的女孩才会保持优雅的微笑，真诚地和他人相处。一个与人为善的女孩才令人喜爱，进而使人产生与之深交的欲望。那么，父母该从哪些方面入手培养女儿与人为善的特质呢？

1. 用女儿喜欢的方式培养其知书达理的行为

日常生活中，父母可以通过女儿乐意接受的方式来帮助孩子养成有礼貌的好习惯。比如，为了教孩子学会与人打招呼，父母可以抱起女儿的毛绒玩具，挥手和它打招呼，同时还可以借助玩偶帮助女儿学习互相问好、互道再见等。父母可以教女儿每天早上与玩具熊打招呼，睡前再和它道晚安。父母还可以和女儿一起玩招待玩具熊来做客的游戏,练习礼貌的举止。

其实,知书达理就是一种贴心的行为,贴心的孩子一定有良好的行为举止。父母应尽量让女儿了解礼貌行为背后的含义,因为要培养孩子的并不只是行为表现本身,而是教育她体贴别人。

2. 要给女儿做个与人为善的榜样

父母在生活中要重视自己的言行给女儿带来的影响。女儿从出生开始,她的认知就是空白的,这时候的她是极具模仿力和可塑性的,而父母则成为她的第一任模仿对象。所以,要想培养一个知书达理、有教养的女儿,做父母的首先就要以身作则,拥有高雅的气质和不俗的谈吐,在日常生活中给女儿树立良好的榜样。

12
勿以善小而不为

小杨是北京的出租车司机,常年在北京的大街小巷跑,日子过得辛苦却也充实。这天,他运气不太好,只跑了几趟小生意,心里正不自在。在路过玉渊潭时,他看到前面有位穿着牛仔衣的女子招手。他赶紧停车,这位女子很有礼貌地说:"不好意思,能不能麻烦您帮我抬一下行李?"小杨一看,才发现这位客人后面竟然藏着一大堆摄影器材之类的东西。小杨心里不禁暗暗叫苦。不过看着女子恳求的眼神,他便三下两下地把行李放在了后备厢。

可是在搬最后一个箱子时,女子突然说:"师傅,这东西不能碰撞,能不能放在车厢里?"小杨皱了皱眉,心想这人怎么这么麻烦。好不容易放好行李,女子坐上了车。小杨问:"小姐去哪儿?"

"中央电视台。"

什么?小杨一听差点气晕。要知道,这里到中央电视台也不过是10分钟的车程,整个生意就10元钱。小杨想,自己今天怎么这么倒霉啊?搬东西搬了大半天,还只赚这么点钱。

这位女子似乎知道了小杨的心思,她静静地坐在那儿,一句话也没说。

小杨从后视镜里看着她,心里又开始骂自己:自己是开出租车的,接送客人天经地义。怎么能看到生意小就不做呢?这样想了之后,他发动车子,直奔目的地。

不一会儿,中央电视台就到了。小杨小心翼翼地又把行李给搬下来,刚想上车,那位女子叫住他:"师傅。"

小杨看她难为情的样子,以为又是想请他搬行李。谁知道那女子说的却是"谢谢"。小杨心里一阵内疚:我怎么能那么想呢?嘴上却说:"哪里,这是应该的。"

"我能要您的电话号码吗?过几天我们有个活动,还想用您的车。"

小杨给了名片之后就走了。他一心想着那句"谢谢",心里觉得这趟没白来。不过他并没把女子说用车的事放在心上,他总觉得这是女子不好意思才这么说的。

可是过了几天,这位女子真的找了他,那一天他赚得比以前一个星期还多。走的时候,他问女子为什么还用他的车。女子说:"以前我坐车,有的司机听说这么近的路就不乐意,搬东西时总是没好气,难得遇上你这么善良的人。"

小杨听了反倒不好意思了,他没想到自己小小的善举竟然受到这么高的评价。

读故事悟道理

"勿以恶小而为之,勿以善小而不为。"三国时期,蜀汉皇帝刘备临终前对儿子刘禅如是说。意思是让刘禅不要轻视小事,"小"中有大。是的,一个人身上最好的部分是细小的、无名的、不容易被记住的善和爱。但是,有时候改变人一生的,往往不是什么豪言壮举,而仅仅是一声呵护、一个微笑,甚至是一个小小的善举。小事为大事的基础,大事都由小事累积。要相信"小"中有大,"善小"不是"不足道"的,"善小"也含有"大义"。所以,在生活中千万不要吝啬自己的善举。

培养完美女孩指南

一个人要想做到"勿以善小而不为",就务必在心中常存善念。时常修正,时常省悟,才能将善念行之于起止之间。善念可以细微到一个招呼、一个微笑,甚至一个眼神。小其实是善的根本,是善行的根本。为此,父母要想把女儿培养成为一个善良友爱的人,就必须从"小"抓起,从一点一滴抓起。那么,父母到底该怎样培养女儿呢?

1. 要提高女儿的移情能力

所谓移情能力,是指能设身处地地为他人着想、感受他人情感的能力。如父母可以让女儿把自己痛苦状态时的感受与别人在同样情境下的体验加以对比,体会别人的心情,可以使女儿学会理解别人,进而学会"移情"思考。

2. 要对女儿由"小"到"大"地培养

儿童最初的同情心和怜悯心是成人同情心和怜悯心的反映。父母平时注意对孩子一点一滴的培养和一言一行的引导,在平时生活中关注孩子,培养孩子的爱心,那么仁慈博大的爱心就会在孩子心头扎下根,并会随着孩子的成长而不断扩展和升腾。如果每个孩子都有一颗仁爱之心,爱父母,爱朋友,爱老师,爱学校,爱家乡,爱祖国,那么每个人未来的生活就能更加幸福而安详。

13

为陌生人撑开一把伞

丽丽是一个名副其实的书虫,周末一大早,她按老习惯到首都图书馆看书。一进图书馆,她就从书架上找了两三本心仪的书,坐在阅览室一个窗口旁的椅子上津津有味地读起来。

正当丽丽沉浸在书海中时,管理员在她身旁关窗户发出的声响惊动了丽丽。丽丽定眼望去,发现原来是下雨了。丽丽揉了揉疲倦的双眼,向窗外不远处的车站望去。这时突如其来的雨滴已成了倾盆大雨,只见那些在车站附近等候的没伞的人正向四面八方着急地跑着。丽丽摸了摸包里早上妈妈在她来图书馆前硬塞给她的雨伞,心想:"幸亏老妈,不然我准成落汤鸡了。"

丽丽撑着雨伞从容地走近了人群涌动的车站。在疾风骤雨中,撑着一把伞的丽丽的从容脚步与周围没伞的人的狼狈形成了鲜明对比。丽丽时不时抬头仰望,天空依然乌云密布,想必这场大雨还会持续很久。走着走着,丽丽突然发现身后一名脸色苍白、神色惊慌的女子正冒着大雨艰难前行。丽丽心里一动,撑着雨伞靠近了那个女子:"一起走,虽然我们不一定顺路……"语音未落,对方怪异地看了她一眼,脚步挪到一边。丽丽撑着伞站在雨中,尴尬不已。片刻之后,她一边走,一边无奈地摇头,心想真是好心没好报。

经过路边的一个拐弯时,一个湿淋淋的小女孩映入丽丽的眼帘,小女孩正伤心地哭着:"妈妈,妈妈,你在哪儿……"丽丽走上前,蹲下身询问,但小女孩儿只是哭,一句话也不答。丽丽只能陪在孩子身旁一起等她的妈妈。

时间一分一秒过去,丽丽也越来越着急。最终她决定带着小女孩出去走走看。没想到刚一走出亭子,一个全身湿透的年轻妇女就像离弦的箭一般冲过来,她紧紧地抱住小女孩哭起来:"你跑到哪里去了?妈妈找你找得好辛苦……"小女孩也哭个不停。过了一会儿，那个女人站起来，竟是刚才丽丽遇到的"怪人"。原来，母女俩刚刚因为下雨不慎走散，多亏丽丽的帮助才找回了女儿，女子一再向丽丽表示谢意。

读故事悟道理

儿童心理学研究表明：婴儿一岁前就对别人的情感有反应，如果旁边有孩子哭，他会随之一起哭；两岁时，孩子看到别人哭，就会拿自己喜欢的东西去安慰，这表明他已能清楚地分辨自己和他人的痛苦，并有了试图减轻别人痛苦的本能反应，只是不知道该怎样做才好；到了五六岁时，孩子开始进入认知反应阶段，他知道什么时候该去安慰正在哭泣的同伴，什么时候该让同伴独处。这些都是孩子善良天性的表现，但如果后天得不到很好的培养，那么他的爱心就会逐渐消失。

在人生路上，每个人都是行色匆匆的过客。同一时间在同一条街上相遇，同一时刻往同一方向前行，不能不说是一种缘分。敞开心扉，为陌生人撑开一把伞，是宽容大度，是无畏无惧，是同身共济，更是一种自觉的做人准则和本能；与陌生人共撑一把伞，是心无邪念，是勇敢果决，是机智主动，更是一种必备的生存态度和能力。

培养完美女孩指南

对于一个人的个性发展而言，没有什么能比爱和善良更重要，这是孩子将来立身社会的基础和前提。孩子的爱心是通过自然而然的模仿、潜移默化的渗透而逐渐形成的，是一个从外在到内在、从量变到质变的发展过程。在这一发展过程中，家庭是最重要的爱心培育基地，父母是最直接的爱心播种者。当然，冰冻三尺，非一日之寒，孩子的自私和冷漠也是在长辈的过度呵护和娇惯中逐渐萌生的。因此，父母要经常为孩子上上感恩课，让她知道周围人对她的付出不是理所当然，应该对周围人的付出表示感谢，也让孩子体会到被人感激的快乐。明智的父母一定要让孩子从小吃点苦、受点累，让孩子知道生活中不仅有欢乐和幸福，还有痛苦和悲伤。父母可以带孩子去关心、探望生病的邻里亲朋，让孩子了解周围有许多需要给予帮助、关怀、爱护和同情的人们。要以小事体现关爱，尤其要从小让孩子养成关心大人疾苦、为大人分忧的好习惯。

冷漠心态不可能保持积极和愉快的情绪,它与责任感、集体主义情感背道而驰,使孩子缺乏起码的同情心,也不可能让孩子产生对美好事物的直接体验和憧憬。要融化孩子的冷漠心态,父母可以参考以下几点。

1. 要及时鼓励女儿的热心行为

扶老奶奶上车,把自己的新书送给贫困地区的小朋友,给上坡的三轮车助上一把力……当女儿出现这些热心行为的时候,父母应该及时给予表扬、鼓励,在强化女儿热心行为的同时,就抑制了冷漠心态的生长。

2. 要告诉女儿尽量理解别人

父母要让女儿站在他人的立场上,从他人的角度去思考问题,去体验他人情感。女儿如果能设身处地想他人之所想,急他人之所急,乐他人之所乐,就会有一种开放的胸怀,这种胸怀对女儿一生都有益。

3. 要教育女儿多结交朋友

孩子的成长离不开健全的朋友氛围,孤独是人类的不健康情感体验,战胜孤独是顺利成长的前提。在矫正孩子冷漠心理的时候,应该强调这样的观点:"缺乏真正的朋友就会孤立无援,没有友谊的人生是一片荒野……"父母应该帮助孩子打开尘封的心,让孩子化解冷漠,摆脱"小我",更加积极地走入集体生活。

14
勇敢地去做正确的事

在傍晚时分的街道上,回家的路人行色匆匆。街灯似明非明,天还下着小雨。整个世界都好像笼罩在一片灰蒙蒙的雾中。在这样的情况下,一场悲剧发生了。一位骑着自行车的女子被一辆从后面超车的货车刮了一下,顿时像叶子一样飞起来,然后重重地摔倒在地。肇事的货车非但没停,反而加速疾驰而去。

行人都停下了脚步,围着那女子议论纷纷,却没有一个人上前扶她一把,也没有一个人打电话报警。一个小伙子还趁着混乱偷偷地拎走了女子甩在路边的皮包。

刚开始,那女子好像死了,一动不动,但嘈杂的人声吵醒了她。她开始呻吟,还不时地发出微弱的呼救声。围观的人们还是没人上前。这时,一位放学路过的中学生目睹了此刻的情景。他放下自行车,不顾同伴的劝阻,把这位女子送到了最近的一家医院。

经过抢救,女子终于脱险了。闻讯赶来的伤者家属不问青红皂白,对着少年就是一顿痛打。如果不是医生和交警及时制止,这位少年恐怕早就被打昏在地。

更可气的是,伤者的家属在得知事情的真相时,用毫不信任的目光看着少年,仿佛交警说出的话是假的。他们很客气地对交警说"谢谢",而对这位救了人还无辜挨打的少年什么也没说。最后还是在交警的催促下,他们才很不情愿地付清了被打少年的医疗费。

少年回到家之后,父母闻知事情的经过,又是心疼又是气愤。尤其是母亲,她一边骂着忘恩负义的伤者家属,一边数落着儿子。

"谁让你管闲事来着?谁让你出头的?你看人家都不上前,就你笨。"

少年争辩说:"难道就眼睁睁地看着她死啊?"

"你不救她,自有警察会去救她,用不着你这个学生多管闲事。"

"当时没人报警,再说等警察赶到她可能早死了。"

"那就是她运气不好,怨不得谁!"

少年听了,一气之下进了房间。

妈妈还在外面喋喋不休:"不听老人言,吃亏在眼前。这下尝到滋味了吧?"

后来,少年发现这并不是妈妈一个人的想法。很多邻居听说这件事后,也都说这孩子心眼好,就是傻了点。更气人的是,一个平时与他不和的邻居知道后,还冷嘲热讽地说:"他还不是想做英雄,这下可好,被人打了,真是活该!"

少年非常伤心地回到学校。让他欣慰的是,老师表扬了他。原来交警把他的事迹告诉了他所在的学校,学校决定表彰他。在同学们崇拜的眼神中,少年感到这个世界还是有更多的人想做好人。

当时校长问他:"你救了人还被打,是不是觉得很委屈?"

"是有点委屈,不过后来想想,我救人又不是为了回报,何必计较他们感恩不感恩呢?再说我被打只是很偶然的情况,以前我帮助过别人就没这样。只是我不明白,为什么那么多的人围观,却没有一个去救人?为什么我救了人被打,不是被人当成傻瓜,就是被人讥笑为想当英雄?"

校长沉默了半晌,问道:"你觉得救人是正确的事吗?"

"当然。"少年毫不犹豫。

"那就做自己认为正确的事,让别人去说吧!"

读故事悟道理

如果自己是正确的,自己的世界也会是正确的。这是一种积极的心理态度,当一个人抱着这种态度对待人生时,他的世界就是快乐的世界,他的人生就是快乐的人生。有时候,不必太在乎世俗的眼光,只要自己认定是正确的,那么就走自己的路,让别人去说吧!

培养完美女孩指南

孩子如同一张白纸,他们天真无邪,极易受到环境的影响。所以,在生活中,父母的行动是孩子的一面镜子。父母以身作则,为孩子做出榜样,孩子耳濡目染,渐渐地也会养成自己的行为习惯。如果父母能够做到:邻里之间互相关照;帮助孤寡老人的生活;心系灾区灾民,为灾区捐款捐物;在公共汽车上给人让座等,那么这种教育的作用将是潜移默化的,会收到"润物细无声"的效果。日久天长之后,孩子就会懂得怎样做才是正确的。既然爱心教育是家庭教育中不可缺少的一个环节,那么父母应该怎样培养女儿具有一颗友爱的心呢?

1. 要以身作则,给女儿做出榜样

父母经常关爱和帮助别人,对于培养孩子的爱心是最好的"教材"。父母用心去影响孩子,包括尊敬乡邻、爱护一草一木等,潜移默化中就可以使孩子拥有对爱心的感知。另外,父母要耐心地给孩子讲解什么是爱心。

2. 不要溺爱女儿

有教育专家曾指出:"溺爱是父母与孩子关系上最可悲的事,用这种爱培养出来的儿童不肯把爱心献一点儿给别人。"一般来说,父母过分溺爱孩子容易造成孩子自私自利、以自我为中心。为了不让孩子的爱心枯萎,父母不但要爱女儿,而且要让女儿学会爱别人。那种只管耕耘不问收获的父母之爱,多半只会让孩子变得一味索取、不懂回报。

3. 要培养女儿的同情心

富有同情心是善良、有爱心的一种体现。父母在对别人表示同情时,善良的言行会深深打动女儿的心灵,唤起女儿对别人的关心与爱心。父母可以用生活中所见到的事例来教育孩子,用鲜活的故事来培养孩子的同情心。

15

爱 的 传 递

在一幢阴暗陈旧的筒子楼里,垃圾无处倒,在楼下堆得到处都是。更为糟糕的是,楼道里的灯不是灯口张着,就是灯泡坏了无人换。公用的通风窗年久失修,玻璃破碎,有的扇柄脱落了,刮风的时候就"吱吱"作响,煞是吓人。

大家仿佛早已习惯这里的邋遢和脏乱,居然能够相安无事,感觉不出有什么异样。

一天,一个年轻姑娘来到这里,住进了底楼的一间住房,她准备把这间房当作新婚的住房。女孩整天乐呵呵的,充满了热情,她先是用扫帚把门前的楼梯扫干净,又买了块玻璃换在公用通风窗上,然后踩着凳子把楼道的灯修好,扯上一根拉绳,让进出楼道的人都能方便地开关。不仅这样,她还找来两个朋友,一起推着小推车,将楼底下散置的垃圾向外清理。看着她们这样忙活,有些人感到难为情,也从家里拿出铁锹帮着干起来,只用了一个上午的时间,整幢楼底下的垃圾便被清扫一空。

奇迹就是从这时开始出现的。过了没几天,女孩居住的这个单元一至六楼走廊的灯都渐次亮了,破损的窗户也自觉地被人修好。夜幕降临的时候,暖融融的灯光从楼道的通风窗户里照射出来,那么祥和,那么温暖。

仿佛积极的情绪容易感染一样,这个单元全新的改变以及因此产生的美好与融洽氛围,慢慢地在整个楼层渗透和漫延开来。人们惊奇地发现:今晚这家门前的灯又亮了,明晚那家门前的灯又亮了,人们拎着垃圾从楼道出来,再也不像以往一样随手一扔,而是自觉地向街道对面的垃圾箱走去。

女孩怎么也没有想到,自己悄悄的一点付出,却让整个楼层换了模样。

读故事悟道理

只要人人都献出一点爱,世界将变成美好人间。是的,爱心就像接力赛,可以一棒一棒传递下去。一个人的爱心可以感染更多的人,人间的美好就是由一颗颗爱心筑成的。爱是温暖而美丽的阳光,是寒冬里的一堆炭火,是茫茫黑夜里的一盏指路灯……

培养完美女孩指南

充满爱和温情的家庭氛围不是凭空而来的,需要夫妻双方共同给女儿营造。夫妻是一个家庭的核心,夫妻能够相亲相爱,家庭就一定会幸福,女儿那颗善良的心一定会永存。平日里,我们要把生活中相亲相爱的一面展现给女儿。女儿经常看到父母相亲相爱的举动,会感受到自己生活在充满爱和温情的家庭氛围中,那颗仁爱的种子不知不觉就埋在了她的心中。当女儿的心灵时刻接受着爱的洗礼时,她也会把爱传递出去,用实际行动去爱父母、爱身边的人。那么,父母在培养女儿的过程中具体应该怎么做呢?

1. 要给女儿提供付出爱心的机会

父母应经常带孩子感受爱心活动,比如参加救助灾民的活动、为"爱心"捐款的活动、每人献上一盆花的活动……父母应该多创造这样的条件,提供机会让孩子去参与这些活动。

另外,在家庭中,父母也可以有意地给女儿提供付出爱心的机会。比如,父母遇到了困难,可以向女儿提出帮助的请求。久而久之,女儿就会感受到自己存在的价值和意义,就会主动付出爱心了。

2. 要呵护并肯定女儿的善良举动

当女儿表现出善良的举动时,如主动帮父母拎东西、给老人让座、上前扶起摔倒的人等,父母要呵护她的善心,并及时给予肯定,让她知道自己的举动是对的,是值得表扬的。当女儿体验到这种积极行为的结果之后,她的善良举动能更好地得以保持,那么女儿的善心自然而然就被培养出来了。

3. 要告诉女儿行善是不求回报的

中国一直流传着这样一句话:"善有善报。"做了善事就相当于播下了一粒善的种子,这粒善的种子会在时机成熟之时结出善的果实。

不过,父母要告诉女儿:做善事要真心实意,不要求任何回报。一个真正善良的人做善事是因为心中有爱,而不是因为其他利益关系。行善不求回报,更是一种道德高尚的表现。

16
战地天使——克拉拉·巴尔顿

一场战役过后,伤病员们被人抬到了稍微安全的地方,有的人永远地长眠于地下了,而有的人则坚强地活了下来。那些活下来的人,无不由衷地感谢再次赋予他们生命的人。

残酷的战争刚刚发生时,克拉拉·巴尔顿就对前线的战士充满担忧。她知道,伤病员们会被留在战场上,直到战事结束。她知道,这些伤病员直到什么时候才能被集中起来,送到医院——远离前线的后方医院里去。她知道,即使他们侥幸熬过了治疗耽误这一关,马车的激烈颠簸也会使他们没有包扎的伤口破裂。她知道,伤员们常常在到达医院前就流血致死。

内心对这种状况的伤痛促使克拉拉·巴尔顿下定决心,要到战场上去,她要在战场上给这些战士以帮助。为了实现自己的愿望,第一步她先购买了一辆篷车,然后她在车上配备了一些药品和急救设施,再去见军队的将军。

克拉拉·巴尔顿是一位身材瘦小的女人,对于在战场上纵横驰骋的将军来说,她并不像是战场上的好材料。事实上,她这个别出一格的想法着实让将军大吃了一惊。

"巴尔顿小姐,"将军说,"你提的要求绝对不能得到满足。"

"不,将军,"她坚持着,"为什么这不可能呢?我自己会赶着马车上战场,为战士们做一些力所能及的事。"

将军摇着头:"战场不是女人能去的地方,你忍受不了那种艰苦的生活。我们正在竭尽全力为战士们做好一切工作。别人再也不能做什么了。"

"我能。"克拉拉·巴尔顿大声说。然后,她又从头到尾向将军描述了一遍她准备在战场上提供急救帮助的计划。

善良——充满爱心的女孩最友爱

这种见面进行了很多次,一次次的拒绝并没有使她灰心。最后,将军同意了,克拉拉·巴尔顿得到了一张通过封锁线的通行证。

在整个战争期间,克拉拉·巴尔顿为她遇见的每个人提供帮助,不停顿地劳作着。有一次,她几乎没有休息,连续为一排伤员工作了五天五夜。她的名字渐渐成了军队里的一个代号,一个爱和感激的代号。

政府也看到了她取得的实际成绩,慢慢对她采取了合作的态度。军队提供了更多的篷车,并让更多的士兵来给她赶车。她能提供的医疗帮助也越来越多了。但对于勇敢的巴尔顿小姐来说,这仍然是一场极为艰苦的战斗。

战争结束了,别人都以为克拉拉·巴尔顿会好好地休息一下,但那些不幸的人经受的痛苦却无法使她忘怀,她们不知道自己的丈夫、父亲、兄弟究竟发生了什么。她决心去寻找那些失踪的士兵,并把他们的消息告诉给他们的家属。这项工作她做了很长时间。

克拉拉·巴尔顿已亲眼见过战争,她知道战争会对战场上的男人做些什么,她也知道战争对后方的家庭意味着什么。当她听说有一位名叫让·亨利·杜南的瑞士人有一个帮助战争中士兵的计划的时候,马上就去瑞士帮助他。杜南建立了一个名叫红十字会的组织。这个组织的工作人员都佩戴白底红字的红十字标志,以便人们很容易辨认他们。他们被允许自由出入战场,可以帮助所有的士兵,不论他们属于哪种国籍、民族和宗教。

这时,克拉拉·巴尔顿心里又有了一个新的想法。她回到美国,说服美国政府与其他22个国家一起加入这个为战争中的士兵提供帮助的国际红十字会组织,给它提供资金和物资。

"人类还面临着许多其他灾难,"克拉拉·巴尔顿说,"地震,水灾,森林大火,虫灾,龙卷风。这些灾难突然来临,造成许多人伤亡,还使许多人无家可归。红十字会应该对这些人伸出援助之手,不论这些灾难发生在何处。"

读故事悟道理

爱是人间的春风,爱是生命的源泉,再没有心的沙漠,再没有爱的荒原,死神也望而却步,生命之花处处开遍。助人为乐的人如同天使一样,给人带来温暖和快乐。如果每一个人都怀有一颗善良、仁爱的心,那么这个世界将永远温

47

暖与美丽。

培养完美女孩指南

助人为快乐之本,帮助别人的人是快乐的。如果一个女孩非常富有爱心、非常善良、非常喜欢帮助人,那么她将是非常受人欢迎的,她自己也将是无比快乐的。在生活中,父母该怎样培养孩子助人为乐的良好品质呢?

1. 要告诉女儿为什么要助人为乐

父母要告诉孩子,任何人都不是万能的,都有需要别人帮助的时候。如果自己渴望得到别人的帮助,那么首先就要学会帮助别人。

2. 全家人一起助人为乐

父母可以和孩子共同组织一项家庭助人活动,让孩子来决定具体要做什么。即便孩子想出的主意不可行,也要尽量让孩子有机会作出贡献。例如,如果准备一起植树,即使是三岁大的孩子也可以参与进来,她可以往树坑里填土或传递工具。

3. 要让女儿从帮助别人的行动中得到乐趣

女孩毕竟很感性化,如果她在帮助别人时收获的是冷漠或者是父母的反对、驳斥,那么她们就很难对助人行为有所认同。父母要让她们知道帮助别人是多么好的一件事,譬如:"如果你把你的小车让妹妹玩,你就不会让她觉得好伤心,她会很高兴!"这样就会让她感到更多快乐。

女孩非常容易被爱心感染,在父母的积极引导下,如果她知道别人需要帮助的话,她会尽自己所能来做这件事,处处为别人着想,互敬互让。这样孩子长大后能更多地具有优雅的修养和风度,成为乐于助人的天使。

孩子在爱与被爱的环境中成长,能更出色地形成良好的人格,成为孝敬父母、尊重他人、富有同情心、乐于帮助别人的人。

第三章
自信——充满自信的女孩最阳光

　　自信是一个成功者极其重要的心理素质之一。但是，自信并非与生俱来，必须由父母对孩子从小加以正确引导，使孩子逐渐学会相信自己，建立起自信。自信心在孩子的成长过程中所起的作用是无法估量的，也是成功的秘诀之一。为此，父母一定要特别注意对女孩自信心的保护和培养。父母要相信，唯有自信的女孩才最阳光。

17

做事要满怀信心

1943年的一天,一个叫玛格丽特的英国女孩自信地走进了中学女校长的办公室,说:"校长,我想现在就去报考牛津大学的萨默维尔学院。"

女校长皱着眉头说:"你连一节拉丁语课都没有上过,怎么去报考牛津大学?"

"拉丁语我可以学嘛!"

"你才17岁,而且你还差一年才能中学毕业,你必须毕业后再考虑这件事。"

"我可以申请跳级!"

"绝对不可以!"

"为什么不可以?校长您这样做是在阻挠我的理想!"玛格丽特头也不回地冲出了校长办公室。

玛格丽特回家后,把自己的想法告诉了父亲,父亲却很支持她。她从小受化学老师的影响,对化学很有兴趣。同时,在大学里学习化学专业的女孩子比其他任何学科要少得多,于是,她满怀自信地选择了化学专业。

玛格丽特在提前几个月得到了高年级学校的合格证书后,就参加了大学考试。经过耐心的等待,她终于如愿以偿地等到了牛津大学的入学通知书。

后来,玛格丽特逐渐从一个普通的女孩子成为一位自信而充满个性的女性。1950年,玛格丽特第一次竞选议员惨遭失败,但她没有气馁,也没有放弃自己的从政愿望,直到1959年当上众议院议员。1975年,在两次大选失利之后,她所属的保守党临阵换将,玛格丽特被推上了保守党领袖的地位。玛格丽特不负众望,敢于担当,1979年率领保守党终于赢得大选胜利,她因此登上了英国首相的宝座,成为英国历史上第一位女首相。

玛格丽特就是人们习惯上称呼的撒切尔夫人。撒切尔夫人在整个任上,以果断的领导魅力获得"铁娘子"的称号。

读故事悟道理

在人生道路上,只有满怀自信的人,才能更好地实现自己的理想。女孩一定要坚持自己的理想,按照自己的意愿行事,做自己想做的事情,切莫走上别人的路,误了自己的行程。正如美国作家爱默生所说:"自信是成功的第一秘诀。"所以,当认定了自己的目标后,不要在意别人怎么看、怎么说,而是要坚定地朝着自己的理想迈进,也只有这样,成功的概率才会更高。

培养完美女孩指南

女孩开始人生之路后,面对新的学习生活和人生挑战,需要有更多自信,并时常自我激励。不论面对多么艰巨的困难,女孩都不能在一时的失落中否定自己,更不要在残酷的现实下放弃自己的人生目标。女孩要永远持有自己必定成功的态度,让信念化为一种力量,不断激励自己向前迈进,从而一步步走向成功。那么,父母在培养女孩的自信心时,该如何做呢?

1. 要努力塑造女儿坚强的个性

人的自卑心理往往是由于对自己的能力不能正确评价而造成的。心理学家认为,智力优秀者一般具有四种品质:第一,一定要取得成功的坚持力;第二,善于为实现目标不断积累成果;第三,自信心;第四,不自卑。

另外,能力和自信心密不可分,自信心强的人往往能扬长避短,能力发挥得更充分。因此,父母要让孩子知道:只有自信才能更好地挖掘自己的潜力,才能更有勇气正视别人的优点。

2. 要培养女儿勇敢的品质

锻炼自己的意志,培养勇敢的品质,是克服懦弱的好方法。比如胆小怕夜黑,就应仗着胆子在黑路上走走。学着干点冒险的事(如爬山、郊游等),意志强了,神经脆弱的毛病就没了。在锻炼意志时要向英雄人物学习,向强者学习,脑子里要经常浮现英雄人物的形象,思想受到鼓舞后,胆子就会大一些,就会更有勇气去迎接挑战。

3. 要帮助女儿克服自卑

在生活中要注意并善于发现孩子的优点和点滴的进步,并不失时机地给予肯定和表扬;不要总拿孩子的缺点和别人的优点作比较,更不要贬低孩子;不管孩子表现如何,都不能随便做出"没有出息"之类的负面判断,也不能任意给孩子贴上"窝囊废"之类的灰色标签;不要单纯抽象地用貌美、聪明、学习成绩好等夸奖来满足孩子的自我表现欲,要尽可能地在具体的不同层次上让孩子看到自己特有的优势,从而实现高质量的自我满足;要教育孩子重视自己的每一次成功。成功的经验越多,孩子的自信心也就越强;要让孩子知道,只要付出就会有收获,付出的越多,收获的就越多。

18
帮妈妈拿包的小女孩

一阵大风把妈妈的围巾撩了起来,妈妈想用手按住围巾,可是手里还提着皮包,非常不方便。看到这个情形,小女孩主动对妈妈说:"妈,我帮你拿包吧。"妈妈于是把皮包递给了女儿,然后整理她的围巾。

没想到风更大了,小女孩一不小心,把皮包掉在了地上的水洼里。

小女孩马上把皮包捡了起来,一脸的惊恐。

妈妈的脸色立刻变得非常难看,厉声训斥她:"你怎么连个皮包都拿不住啊?你看,包都脏了,你让我怎么拿?你真笨……"

小女孩一声不吭,眼泪却哗哗地涌出来。

妈妈看到小女孩惊恐的表情,感到自己有些过分,于是先从孩子的手中接过皮包,用纸巾擦干净,然后对孩子说:"没事的,你看,皮包擦擦就干净了。"

"我不是故意的,妈妈你不怪我吧?"孩子小声地问。

"当然不怪你。你能主动帮我拿皮包,说明你很乐于助人,真让妈妈高兴。"妈妈抚摸着小女孩的头说。

接着,妈妈又把手中的皮包递给了女儿,笑着对她说:"这个交给你了。"这次,小女孩将皮包紧紧地抱在了怀中。

读故事悟道理

一般情况下,女孩与男孩不同,她们比男孩少了些许好胜、争强的竞争心理。正因为女孩天性就是不喜欢竞争的,所以父母更应在培养孩子"积极进取"方面多下点工夫。父母应当明白,积极进取之心不仅是一种成功所必需的竞争力,更代表着一种独立思维的能力和创新的能力。如果孩子从小习惯于人云亦云、随波逐流,那么长大成人的她又如何能攀登至自己人生的最高峰呢?

培养完美女孩指南

大家都知道,每一个孩子在出生时,其智力和能力都是差别不大的。那么,为什么有的孩子能积极创新、思维活跃,而有的孩子却懒于创新、自甘落后呢?这虽然与女孩的某些天性有关,但更为重要的原因却在于父母的后天培养。女孩往往更容易屈从于父母的意愿,在现实生活中,女孩的积极进取之心如果得不到有效的引导,就极有可能毁于一旦。因此,要想让自己的小公主拥有上进之心,父母就一定要放弃指责,多一些鼓励、多一些赞赏;放弃不认同,多一些支持、多一些帮助。那么,在日常生活中,父母该怎样有意识地鼓励、激发孩子的积极进取之心呢?

1. 要对女儿进行肯定

女孩往往更重视父母对自己的评价。当她得到的是赞扬而非指责、是肯定而非否定时,她就会对自己的能力充满信心,进而在学习和生活中更积极地表现自己。

父母真诚的肯定和鼓励是女孩积极进取的力量源泉。因此,在孩子的人生旅途上,她每走一步,父母都要给予积极的肯定和鼓励。也许正是由于父母的鼓励,这些小公主才因为每次一点点的进步而越来越有自信和成就感,从而变得更加积极进取。

2. 要先让女儿往下比,再往上比

通常,有些孩子取得了一点成绩就扬扬得意,不想再进步了,也并不觉得自己这样做是不对的。面对孩子如此缺乏上进心,父母真是忧心忡忡。

孩子在学习方面缺乏上进心,是当今社会的一个普遍问题。那么,面对这样的孩子,父母应当如何引导呢?可以参考这样一种方法——先让孩子往下比,再让孩子往上比。

先让孩子往下比,也就是说,让孩子先与那些学习成绩不如自己的孩子比。这样,她才能真正地体验成功、找到信心。而当孩子拥有了一种成功者的心态后,再巧妙地运用"激将法",引导孩子往上比。往上比,也就是说,让孩子与那些比自己学习成绩好的孩子比,这样,就会激发和增强孩子向上的动力。

19

自强不息的田径女英雄奎罗特

安娜·奎罗特曾经是活跃在T台的著名模特,更是古巴家喻户晓的田径女英雄,她的出色表现使古巴人民欢欣鼓舞。

上天几乎赐予了安娜·奎罗特所有的幸运:美貌、才华、天赋。然而,1993年1月23日的晚上,奎罗特家厨房里的煤气灶突然爆炸,大火一下子点燃了她的全身,她的脸部、胸部、腹部都被烧伤了,受伤的面积超过全身面积的三分之一。

奎罗特受伤后第一次照镜子时,自己被吓得大叫——昔日的美丽容貌已经变成了令人恐怖的累累伤痕。毁容和随后遇到的丧子、失恋以及各种流言,让奎罗特痛苦万分,但这一切没有把她击垮。

当教练希威尔来医院看望奎罗特时,奎罗特冲他轻轻地拍着大腿,表示她的双腿依然完好无损。此时,奎罗特已经重拾了信心,准备再回跑道。

1993年5月13日,在奎罗特烧伤不到4个月的一个清晨,她解开脖子上的托架,拆掉手臂上的绷带,重返跑道。尽管新长出的皮肤奇痒难忍,烧伤的手臂异常疼痛,但她兴奋无比,她又能跑了!同年11月,在波多黎各举办的中美及加勒比海地区运动会上,脖子和手臂上还有焦疤的奎罗特以2分5秒22的成绩赢得了女子800米比赛的银牌。这是奎罗特伤后参加的第一场比赛。

1995年8月13日,在歌德堡世界田径锦标赛上,奎罗特站在了世界强手云集的800米赛场上,在距终点100米的直道上,奎罗特富有弹性的步伐突然加快,在一片惊呼中首先撞线。1分56秒11,冠军!这是1995年世界最好成绩!许多人在哭,许多人在欢呼。人们在大屏幕上看到了奎罗特布满伤痕的脸部特写,人们疯狂地为她鼓掌。

1996年,奎罗特出现在亚特兰大奥运会的赛场上,没有人指望她能够取得惊人的成绩,只要她出现在跑道上,就已经是一个生命的奇迹。

但是,奎罗特却把这个奇迹变成了奥林匹克的壮丽——她获得了800米比赛的银牌。当她在跑道上奔跑时,数万观众被她超人的毅力所感动,给予她的掌声和欢呼声甚至超过了金牌获得者。

读故事悟道理

一个积极上进的人,他自信能征服一切、创造一切,他给人留下的印象是卓尔不群的,一见便能辨认出他是精神充实、具有伟大魄力的人。至于没有自信心的人,他们往往是人生战场上的失败者。这种人是多疑的,甚至连走一步路也没有坚定的信心,他们根本没有奋斗的精神。其实,人们在学习、工作和生活中遇到困难是常事,接到有一定难度的任务也很正常,只有学会挑战自我、激励自我,才能战胜困难,获得真实的成长。当然,女孩也不例外。

培养完美女孩指南

有研究表明,一个没有受过激励的人,仅能发挥自身能力的20%~30%,而当他受到激励时,就可以发挥其能力的80%~90%。因此可以得出结论,一个人被充分激励后所发挥的能力相当于被激励前的3~4倍。可见,激励的力量是巨大的。有些女孩能够自我激励,勇于接受挑战,她们不但从中提升了能力,还增强了自信。而有些女孩不相信自己能够超越自我,于是轻易地选择了放弃,结果,能力和心智不但没有得到历练,自卑心理又加重了一成。所以,父母不但不能宠惯女儿,还要想办法培养她成为一个能够时时刻刻为自己加油、打气,能够勇于挑战自我、超越自我的人。

1. 要给女儿上好挫折教育这一课

做事时出现这样或那样的失误,未必是一件坏事,父母要教育女儿如何面对挫折,同时更要教育她勇于承担责任。父母要教育女儿:"出现问题时,要先从自身找原因,哭是解决不了任何问题的,在今后的学习中一定要谨慎细心。"然后,父母要和女儿共同分析,帮助她找出失败的原因。

2. 要及时激励女儿

女孩会不会自我激励,关键在于父母是否常常恰当、合理地给予激励。只要父母在她怯懦、失意、一蹶不振、犹豫不决时给予及时鼓励,她就会充满自信,勇于挑战自我。有的父母把激励孩子战胜困难认为是狠心的表现,以为让她随心所欲地选择才是爱她。其实,只有及时激励女儿,才是不宠不骄的体现。父母鼓励了她,她就知道身后有一股强大的力量在支撑她,她就敢于战胜困难。这种体会一多,她自然就感受到了被激励的好处,当她再遇到困难的时候,无论是否有人鼓励她,她的自我鼓励机制都会自动启动,然后像父母鼓励她一样去鼓励自己。

所以,父母及时正确地激励女儿,就是为她具备自我激励的能力打基础,这一点父母不能忽视。

3. 要教女儿用积极的语言鼓励自己

常常对自己说积极向上的语言,是一种不错的自我激励方式。特别是遇到挑战和困难的时候,父母要让女儿学会对自己说:"我能够做到,我相信我可以。"这种话一旦说出口,女孩浑身就会充满力量,就会勇敢地向成功的方向迈进。

4. 借助榜样的力量让女儿进行自我激励

俗话说:"一个榜样胜过书上20条教诲。"的确,榜样不是死板的条条框框,而是鲜活的生命。当女孩看到有人突破过类似的困难后,她自然会觉得这个困难是可以超越的,一旦有了"可以超越"的想法,她就会努力超越。因此,他人的成功经历对女孩而言,往往就是一种无形的鼓舞。

所以,父母要善于帮女儿找到榜样,平时也应该多引导她看一些名人传记,她会在需要的时候从他人身上汲取能量,鼓励自己超越自我,实现目标。

5. 别让女儿制定过高的目标

尽管自我激励可以让女孩充分发挥自己的潜能,但是个体不同,潜质也有所不同。如果女孩将要执行的任务大大超越了她自身能力的话,仅仅凭借自我激励也未必能够成功,她反而会觉得自我激励不但没有效果,而且是自欺欺人,明明自己不行,还不断骗自己说"一定行"。这样一来,女孩不但不相信自我激励的力量,还会因为没有成功体验而更加自卑。

　　所以,不管是父母激励女儿,还是女孩进行自我激励,都要衡量任务难度是否与女孩的能力相匹配。最稳妥的激励办法就是让女儿不要在乎结果,只管尽力去做,正所谓"但行好事,莫问前程",在努力实施中,她必定会有不小的进步和收获。

20

海伦·凯勒的奇迹

1900年6月,在美国哈佛大学的一个考场里,有一个19岁的少女,她是一位盲人,而且是聋哑人。她在入学考试中只用了九个小时,就顺利完成了德语、法语、拉丁语和其他课程的考试,并取得了优异成绩,成为哈佛大学的一名大学生。

即使是一个身体健全的人,想顺利通过同样的考试,也是相当不容易的,更何况是一位又聋又哑的盲人少女呢!在许多人看来,这简直就是一个人间奇迹,而创造这一奇迹的就是美国著名作家海伦·凯勒。

小海伦幼年时因急性脑炎而失明失聪,她的父母看到女儿无法用语言与人交流,就为她请来了一位有经验的家庭教师安妮·苏利文小姐。

苏利文小姐是一位教过聋哑孩子的家庭教师,即使她有教聋哑孩子的经验,起初她与小海伦进行交流和教她识字也是非常困难的。苏利文小姐到来后不久,送给小海伦一个布娃娃。小海伦抚摸着布娃娃很高兴,苏利文小姐便在海伦的手心写上"娃娃"这个单词,并读"娃娃,娃娃"。小海伦看不见又听不到,她起初不明白"娃娃"是什么意思,苏利文小姐就一遍一遍耐心地教她,小海伦终于慢慢明白了。小海伦就是这样通过一遍一遍的重复掌握了一些生活中常用的单词。

后来,在聋哑学校里,校长富勒女士亲自教小海伦学发音。她让小海伦把手放在她的脸上,来感觉舌头和嘴部肌肉的变化规律,并一遍又一遍地教她模仿发音。小海伦每天坚持练习,终于学会了用嘴巴说话和用手指"听"话。

此后,小海伦开始用惊人的毅力学习英语、德语、法语、拉丁语和希腊语。老师讲课时,苏利文小姐把内容拼写在小海伦的手上。小海伦明白了之后,靠记忆去理解学过的课文,再用凸写器做作业。她用这样的方法学习了代数、几何、物理等课程,还用打字机写文章和翻译作品。

海伦以坚强的信念、顽强的毅力克服了常人难以想象的种种困难,她上大学二年级时,完成了自传体小说《我的生活》。小说发表后,受到马克·吐温等作家的赞赏,被誉为"世界文学的杰作"。从此,海伦笔耕不辍,一生共出版了14部著作,成为著名作家。

读故事悟道理

一个人只要有成功的决心和信心,就能保持最佳状态,把全部精力集中到所追求的目标上。只有坚信自己能成功的人,才会更快地取得成功。如果没有努力的方向,觉得自己什么也不行,精神就会产生压抑,在这种情况下,大脑也会变得麻木起来。因此,父母一定要注意对女儿自信心的培养,并给予她勇敢战胜困难的力量,使她将来能够成长为可以独当一面的人才。

培养完美女孩指南

心思细腻、想得多是女孩子的天性,有时她可能会因为想得太多而认为自己绝对不可能完成某件事情,认为自己不行。在这种消极的心态下,女孩容易放弃很多成功的机会。因此,父母一定要培养好女儿的自信心,经常给她一些积极的暗示,让她感觉"我能行"。那么,父母该怎样培养女儿呢?

1. 适当夸奖女儿取得的成绩

夸奖是一种积极的肯定,当女儿取得成绩时,父母不要吝啬自己的夸奖。当然,这里所说的"成绩",也包括女儿在某些方面取得的进步。父母要多夸奖她的努力,这会让她明白,很多事情如果肯去努力,就一定能有所收获。

但是,父母的夸奖不能太过夸张,不能从宠爱的角度去大肆赞扬,否则女儿会在不真实的夸奖中变得骄傲。夸奖也不能太随意,有的父母因为娇惯女儿,动不动就夸奖,所以某些夸奖听上去就很程式化,这样一来女儿可能就会认为父母是在敷衍她,同样也会变得不再努力。

2. 要鼓励女儿拥有"敢想"的自信

女孩有丰富的想象力,但有时她却不会利用这一优势。尤其是面对一些之前从来没有做过的事情,或者她觉得有困难的事情,她甚至连想都不敢想,就直接退避三舍、干脆放弃。

父母应该帮女儿"放开"思想,让她不会被"女孩子不能做某些事"的思想所禁锢。如果她对某件事感兴趣,父母可以鼓励她想象一下自己成功的样子,让她结合自身的实力去进行一下预测,看看自己是不是有可能完成这件事。当女儿发现这样的想法并不是高不可攀时,她自然就有了敢去做的自信,并有了坚持下去的勇气。

3. 让女儿相信自己的实力

父母应该相信女儿的实力,鼓励她勇敢积极地展示自我。但是,父母也要提防女儿因此而变得骄傲。父母可以为女儿创造一些在众人面前表现的机会,但不要总是让她在众人面前炫耀,应该适可而止。

21

小亭的小红花

一天,幼儿园放学了,小亭早早地站在教师门口,等着奶奶来接她,因为她今天得了朵小红花。

过了好一会儿,奶奶终于来了。

小亭兴奋地扑到奶奶的怀里:"奶奶你怎么才来?我都等你好长时间了!"

"哦,奶奶刚才去找幼儿园的老师询问你的情况了!"奶奶说。

"老师是不是表扬我了?"小亭高兴地拿着小红花炫耀起来。

奶奶想到对孩子不能过分赞扬,于是就说:"老师说,小亭午睡时总是不好好睡觉,是不是有这回事?"

小亭一听,就有点不高兴了:"那我今天上课的时候表现很好,还得了小红花呢!"

"得了小红花就可以不睡午觉了吗?以后不许不听老师的话!要好好睡觉!"奶奶呵斥了一声,小亭一下子就不吭声了。

一路上,祖孙俩一句话也不说,小亭更是撅着小嘴。

读故事悟道理

每个人有进步时都希望获得别人的认同,孩子更是如此,尤其是希望得到来自家长的肯定。孩子通过自己的努力在学习或者比赛中取得好成绩,这是好事,作为长辈,要为孩子感到高兴,应该及时给予热情的鼓励和赞扬,以培养孩子的兴趣,增强孩子的自信。自信心在孩子的成长过程中所起的作用是无法估量的,也是成功的第一秘诀。几岁到十几岁这段时期正是孩子自信心培育和树立的关键时期,这个时期孩子的自尊心和自信心最容易受挫。因此,家长一定要特别注意对孩子自信心的保护和培养。

培养完美女孩指南

家庭教育对培养孩子的自信心起着至关重要的作用,孩子的自信心往往就是在父母的不当教育下慢慢消失的。所以,父母在教育中一定要明白,自己要培养的孩子是 20 年后的人才,要给孩子富足物质的同时教她们学许多东西,尤其是自信。因为 20 年后,一旦孩子走出家庭的保护伞独闯世界,财富可以用尽,知识面临更新,她最需要的将是自信心。要使孩子学会自信,一般可从以下几方面入手。

1. 要及时肯定和赞扬女儿的良好行为

人的自信需要外界的认同和赞赏。某一行为倘若得到外界的肯定,人的自信也会由此大增。孩子正处于自信形成的过程中,更离不开成人的肯定和赞扬。父母的肯定和赞扬非常有助于孩子将好的行为加以确认和巩固,促进形成良好的行为习惯。

每个孩子都需要鼓励,就像植物需要阳光一样。做父母的应利用这种心理特点,无论孩子做什么事,都要善于对他们的点滴进步和成功给予赞赏和鼓励,同时还要充分利用各种途径,创造各种条件,珍惜各种机会,使孩子获得成功,使她们积累积极的体验,从而提高自信心。

2. 要有意识地让女儿承担一些责任,帮女儿建立自信

父母不妨视孩子能力的大小有意识地让她承担一些责任,如让孩子动手收拾玩具、书包及文具,让孩子铺床叠被,让他们洗洗碗筷,这样做不仅能锻炼孩子的能力,还可使他们从中得到自信。孩子虽小却具有巨大的学习与发展潜力,这是有科学依据的,父母要相信每个孩子都有一颗努力向上的心。可创造一些有助于培养孩子自信的机会,如让孩子对节假日的活动计划、经济开支计划、装潢布置等提出建议,如果合理,就尽可能采纳,让孩子做各种各样力所能及的事情并要求他做得好,帮助孩子确信"我能做好""我有能力"。同时,当孩子犯了错误时,也要让孩子勇于承认错误,并坚决改正。

3. 帮助女儿认识自己的长处

有些孩子会唱歌,有些孩子能做模型飞机,有些孩子能独立喂养小动物,还有些孩子踢得一脚好足球……每个孩子的天赋是各异的,在特长方面也各有千秋。

通常孩子在智力和能力上难辨优劣,但孩子进入小学后,衡量标准就集中在学习分数上,这就使擅长学习的孩子常受表扬,而学习稍差的孩子常受批评,有些孩子由于学习成绩不如意而产生自卑,丧失了自信,不利于形成健康的人格。

因此,父母在教育中一项重要的责任就是及时发现孩子的专长,顺势加以引导及培养,促进孩子在某方面具备的其他孩子所没有的专长。这样一来,即便孩子将来在学习上表现不佳,也不致因此而灰心丧气,反倒会在自己擅长的领域奋发努力,或许还能干出一定的成就来。孩子有了专长,就有了一种竞争优势,具有了更多上进的动力,也会因此变得越来越自信。

4. 对女儿要尊重和信任

父母一定要尊重孩子,使她切实体会到自己是一个有独立人格的人。要信任孩子,放手调动孩子做事的积极性,并给予积极关注,做好了要及时给予表扬,做错了要帮助她分析原因,寻求克服困难的方法,切忌包办代办,更不可打击、讽刺孩子。这样既培养孩子对自己行为负责的品质,又培养了其自信心。

5. 让女儿明白自信不等于骄傲

父母培养孩子的自信,说白了就是让孩子发现自己的好,但自信不同于骄傲自大。如果一直以来孩子只懂得自己好,难免会变得自信心过度膨胀。所以,在某些时候,父母还要让孩子适当经历一些挫折,拿自己的短处去比一比别人的长处。

通常情况下,孩子自信的表现没有严格的界定。碰到困难不轻易退缩,勇于接受挑战;碰到挫折能够主动和人沟通,并表达自己的想法;精力充沛,心情开朗愉快,对人热情,对新事物充满好奇等,都是有自信的孩子应该表现出来的。如果孩子还达不到这些条件,那父母就该多费费心了。

22
不要让女儿太娇气

有一个小女孩的学习成绩在班上一直名列前茅,父母对此感到很欣慰。但让妈妈操心的是,女儿太爱哭了,经常为一点小事就哭鼻子。有一天,她刚回家就对妈妈说:"我不要去学校了!"

妈妈放下手里的活儿,问:"怎么了?"

"老师让我念课文,我读错了一个字,结果老师一指正,同学们就笑话我。"

后来,老师打来电话说,女孩竟然因为读错一个字就当场哭起来,老师找她谈话,她也只是哭。

妈妈问起女儿这件事的时候,女儿说:"在那么多人面前出丑了,我真是太失败了。"

妈妈这才明白原来是女儿太敏感了,她意识到平时对女儿的保护有些过头,因此让女儿受不了一点挫折。妈妈决定改变平时对女儿过度保护、附和的态度,便对女儿说:"老师和同学们都没有恶意,他们只是在纠正你的错误,一个勇敢的女孩是不会因为错误而哭泣的,她只会想如何改正自己的错误。"女儿听完妈妈的话,有些诧异。不过她也没说什么,而是回到屋里琢磨妈妈的话。自从那天起,这个小女孩变得快乐积极了,很少哭鼻子了。

读故事悟道理

一般来说,女孩通常比男孩要敏感、内敛一些,从根源上说,这多半是因为女孩不如男孩自信、坚强。善于观察外界事物是女孩的优点,但过于在意外界的变化就会让女孩变得敏感,这对女孩的成长是不利的。面对女孩的敏感,父母不妨教她们变得坚强一些、自信一些,有点儿男孩的阳刚气,也就是说,有时候可以把她们当成男孩去教。

培养完美女孩指南

女孩天性敏感,总是让她们过于关注外界的变化,总是太在意别人的看法,甚至别人的一个表情都可以让她们联想到很多不利于自己的事情,而且她们一旦在心里形成对自己的负面评价就会丧失努力的信心。所以,有些女孩习惯用哭来面对这个世界,使得父母总是给她们过多的保护。其实女孩并没有那么脆弱,只是父母不习惯放手让她们去坚强地面对。如果多给女孩一些鼓励,相信她们有克服困难的能力,女孩就会慢慢地变得坚强、自信起来。那么,如何让自己的女儿变得在面临困难的时候不再退缩,是父母渴望解决的大问题。下面就介绍几点作为参考。

1. 告诉女儿泪水换不到成功

父母要让女儿铭记这样一个道理:生活中有许多事情,尽管很努力去做了,也不一定会取得预期的结果。这个时候哭泣也没有用,因为泪水换不到成功,只能用加倍的努力去争取成功。

2. 告诉女儿经历风雨才能见彩虹

父母要告诉女儿,做任何一件事情时,只要尽了全力就应无怨无悔,跌倒不可怕,可怕的是跌倒了不再爬起来。

3. 要站在女儿的角度考虑问题

父母应站在女儿的角度思考问题,理解她们的难过、自责、后悔和懊恼。对女儿少一些管束,多一些鼓励和肯定,让女儿早日从失败的阴影中走出来,帮助女儿树立自信心,让她感觉到:"我能行,下次我一定会成功!"

4. 要鼓励女儿继续努力

女孩可能无法接受精心准备后仍然失败的结局,这就需要父母的正确引导。父母要引导女儿正确看待失败,鼓励她不要因一时的失败而气馁,要一如既往地努力,永不放弃。

23

自信是走向成功的第一秘诀

一个小女孩小时候特别喜欢跳芭蕾舞,但她长得非常普通,一点都不漂亮。而在她眼里,跳芭蕾舞的女孩都像美丽的天鹅一样,所以,她有些小小的自卑。她的父母都很爱她,知道她爱跳芭蕾舞,就给她买来了舞鞋,她每天都在家里练习。渐渐地,她的舞姿越来越漂亮了,父母和邻居们都夸她学得快、跳得好。她心里萌生了要当一名专业芭蕾舞演员的想法,梦想成为一名舞蹈家。于是,她决定报考舞蹈学校,希望在那里接受专业培训。在报考前,她想知道自己适不适合跳芭蕾舞,有没有当舞蹈家的天分,恰巧,有一个芭蕾舞团来到她居住的城市演出,这个女孩便去拜访了芭蕾舞团的团长。

女孩说:"我想成为一名芭蕾舞演员,将来想当舞蹈家,您看我有没有这个天分?"

"那你跳一段舞让我看看。"团长一边说着,一边埋头处理剧务。大约5分钟之后,团长打断了女孩的表演,他摇了摇头说:"也许,你没有这个条件吧。"

这个女孩很伤心,她觉得可能是团长觉得自己长得太普通了。于是,她伤心地回到家,随手把舞鞋扔进了垃圾箱,从此再也没有信心跳舞了。后来,她结婚生子,当了宾馆的服务员。

许多年过去了,当年的那个女孩已经变成少妇。有一次,她去看芭蕾舞演出,表演者恰恰又是当年的那个芭蕾舞团,那位看过她表演的团长也已经步入了老年。她与这位老团长聊起了当年的事。

"有一点我始终没有明白。您当初是怎么知道我没有当舞蹈家的天分呢?是不是因为我长得太普通了?"

老团长回想了一下,说道:"哦,你跳舞时我几乎没怎么看,我只是对你说了对其他所有来问我的孩子所说的同一句话。"

"啊！竟然是这样！真是不可饶恕！"少妇生气地叫道，"您的那句话毁掉了我的梦想。我原本可能成为最出色的芭蕾舞演员，人人羡慕的舞蹈家！"

"我不这么认为。"老团长反驳说，"如果你真的渴望成为舞蹈家，你是不会在意我对你说的那句话的。"

少妇无言以对，默默地离开了。

读故事悟道理

机会对每个人都是平等的，要想在人生的道路上取得成功，就要抓住每一个展现自己的机会。一个善于表现自己的人，他的成功机会比别人要多得多。那些埋怨机会不平等的人，总觉得自己没有碰上表现自己的好机会。其实，成功不是没有机会，而是我们没有识别机会、抓住机会、利用机会而已。

培养完美女孩指南

每个女孩的父母都相信自己的女儿具备独一无二的能力，但是女孩却不一定能把这独一无二的能力发挥出来。的确，很多女孩都很有才华，但是发挥才华还需要父母的帮助。自信是一种力量，更是一种动力。只有相信自己，正确评价自己，才能充分挖掘出自己潜在的能力，开拓出属于自己的一片天空。因此，在女儿健康成长的道路上，父母对女儿自信心的培养是至关重要的一课。那么，父母该怎样做呢？

1. 要教育女儿美不仅在表面

对一个人来说，外表固然重要，但不是最重要的。对于女性而言，美更应该是由内而外散发出来的光彩，仅仅拥有外表的光鲜只是瞬间的浮华罢了，只有拥有坚强的意志和率真的性格，在某些方面有所成就，才会是永恒闪亮的明星。

2. 要让女儿将自己的能力完美地证明给别人看

很多女孩子比较害羞，因为不敢表达自己而错失了很多机会。父母要告诉女儿，如果想成功，就大胆秀出自己，把你的特长和想法大胆表达出来。你不说，别人怎么知道呢？

3. 要培养女儿的特殊才能

特殊的才能可以增强孩子的自信。父母可以根据女儿的兴趣和爱好来培养她的一些特长,让她通过发挥特长树立起信心。父母也可以通过展示女儿的特长,让其他人来认可女儿的能力,这样更能提高女儿的自信心。

4. 鼓励女儿多参加课外活动

父母要多鼓励孩子参加课外活动,让她们在学业之外培养其他的兴趣与爱好。鼓励孩子参加社区义工活动,让她们多接触那些需要别人关爱和帮助的人群,这些都能增进孩子的自信心与自尊心。

5. 要鼓励女儿积极尝试

在孩子跃跃欲试时,父母别对她说:"不行!这很危险!"而要给孩子支持和鼓励,让她们大胆尝试,体验成功和失败,并从这种成功的体验与失败的感受中不断增强信心,增强她们"我能"、"我会"的积极进取心。

6. 要随时巩固女儿的自信

巩固孩子的自信心是一个不间断的过程,当父母看到孩子因不断成功而树立起自信心时,千万不能以为大功告成,这时更要不断鼓励孩子,巩固其自信心。在不断的鼓励中,孩子就会通过自己不断的努力来树立起自信。

7. 告诉女儿别对自己要求太苛刻

追求完美的女孩有时会对自己要求太过苛刻,父母可以劝劝女儿,适当地对自己要求严格是好事,但也不要过分挑剔。

父母要开导女儿,有些事情比如相貌、身高、身材等,不是人力所能左右的,不要过多地计较,只要正视自己的能力,将能做的做到最好就可以了。当女孩不再关注自己的弱势时,她自然就会逐渐丢掉自卑,重拾自信。

24
自信本身就是一种美

在一个小镇上有一个家境穷困的女孩子,她幼年时失去了父亲,一直跟妈妈相依为命,靠做手工维持生活。她非常自卑,因为从来没穿戴过漂亮的衣服和首饰。在这种极为贫寒的生活中,她长到了18岁。

在她18岁那年的圣诞节,妈妈破天荒地给了她20美元,让她用这个钱给自己买一份圣诞礼物。

她大喜过望,但还是没有勇气从大路上大大方方地走过。她捏着这点钱,绕开人群,贴着墙根朝商店走。

一路上她看见所有人的生活都比自己好,心中不无遗憾地想,我是这个小镇上最抬不起头来、最寒碜的女孩子。看到自己特别心仪的男孩儿,她又酸溜溜地想,今天晚上盛大的舞会上,不知道谁会成为他的舞伴?

她就这样一路嘀嘀咕咕躲着人群来到了商店。一进门,她感觉自己的眼睛都被刺痛了,她看到柜台上摆着一些特别漂亮的缎子做成的发饰。

正当她站在那里发呆的时候,售货员对她说,小姑娘,你的亚麻色头发真漂亮!如果配上一只淡绿色的发夹,肯定美极了。她看到价签上写着16美元,就说买不起,还是不试了。但这个时候售货员已经把发夹戴在了她的头上。

售货员拿起镜子让她看看自己。当女孩儿看到镜子里的自己时,突然间惊呆了。她从来没看到过自己现在这个样子,她觉得这一只发夹使她变得像天使一样美丽!

她不再迟疑,掏出钱来买下了这只发夹。她的内心无比陶醉、无比激动,接过售货员找回的四美元后,她转身就往外跑,结果在一个刚刚进门的老绅士身上撞了一下。她仿佛听到那个老人在叫她,但已经顾不上这些,就一路飘飘忽忽地往前跑。

她不知不觉就跑到了小镇最中间的大路上,她看到所有人投给她的都是惊讶的目光,她听到人们在议论说,没想到这个镇子上还有如此漂亮的女孩子,她是谁家的孩子呢?她又一次遇到了自己暗暗喜欢的那个男孩,那个男孩竟然叫住她说,不知今天晚上能不能荣幸地请她做圣诞舞会的舞伴?

女孩子简直心花怒放!她想一定是发夹的功劳。可是,当她站在镜前一照,又大吃一惊,原来她的头上根本就没有发夹,她想一定是出商店时与人一碰弄丢了,于是她急急忙忙回到了商店。

刚一进门,那个老绅士就微笑着对她说:"孩子,我就知道你会回来的,你刚才撞到我的时候,这个发夹也掉下来了,我一直在等着你来取。"

读故事悟道理

乐观自信原本就是一种特殊的美丽,只要心灵充满自信的阳光,世界就会格外明媚。无论是贫穷还是富有,无论是貌若天仙还是相貌平平,只要昂起头来,乐观就会使女孩变得可爱——人人都喜欢的那种可爱。一个人的自信心来自哪里?来自内心的淡定、坦然与乐观。快乐是"自找"的,别让心灵的微笑被岁月磨蚀,让快乐从"心"开始。

培养完美女孩指南

其实,每个女孩都有不能全面而真实地认识自己的时候。很多时候,女孩都是在别人的评价中去认识自己,很少能清醒地对自己进行审视。别人说她美,她就认为自己是美的;别人说她不好看,她就认为自己是丑的……如果女孩不能对自己有全面而真实的认识,这样下去她不仅会缺少自信,还会过度爱慕虚荣,而这两种情况都不利于心智的成熟,不利于做最棒的自己。所以,父母一定要想办法帮女儿认清自己,让她少受一些外界的影响,做最棒、最美的自己。那么,父母具体该怎样做呢?

1. 要教女儿正确看待自己的容貌

爱美是人的天性,尤其是女孩子,都很重视自己的容貌。有些女孩羡慕那些有美丽外表的女孩,认为自己和她们一比简直就是一只"丑小鸭",经常会因为容貌问题而让自己陷入自怨自艾的心境中,有时甚至产生强烈的自卑感。也有些女孩因为自己长相美丽就觉得高人一等,骄横跋扈,看不起他人……

女孩的容貌固然很重要,但那并不是她人生中最重要的东西。再美丽的外表也会随着岁月的流逝而变得苍白无力,只有善良的品性、高雅的气质、广博的见识、坚强的意志,才会让女孩如典藏的红酒,越来越香醇。

因此,当女儿认为自己长得不如他人美丽时,父母要告诉她,每个女孩在这个世界上都是独一无二的,如果她能拥有美好的品质、出众的学识,她就是世界上最美的女孩。

当然,当漂亮的女儿表现得自傲时,父母也要告诉她,只有内外兼修、表里如一,才是真正的美丽。

2. 要帮女儿正确看待他人的评价

女孩有时特别在意别人对自己的评价,情绪总是会在外界的影响下起伏不定。这其实是女孩不能全面认识自己的表现,她不知道自己的优缺点在哪里,只会在别人的评价声中认识自己。

因此,父母要帮女儿正确看待他人对自己的评价,让她全面地认识自己,更好地找回自信。

3. 要让女儿全面认识自己拥有的能力

总有一些时候,女孩因为不能全面认识自己的能力,做起事情来不是低估自己的能力,就是显得有些自不量力,处处要与人比、与人争,非要"拔尖"不可。这时,父母要告诉女儿,每个女孩都有自己能力强的一面,也都有比较弱的一面,不要骄傲自大,也不要妄自菲薄。只要认清自己的能力,扬长避短,看准方向,努力去实现自己的目标就可以了。

第四章
气质——气质优雅的女孩最脱俗

  有位名人曾说过:"友善的言行、得体的举止、优雅的风度,这些都是走进他人心灵的通行证。"是的,中华民族历经几千年风雨变幻,沧海变成桑田。但不管时代如何变迁,一代又一代年轻人的审美观如何变化,人们的一个观念却不会变化:他们永远喜欢气质优雅的女孩。气质优雅的女孩柔性、大气、得体,也只有这样的女孩,才是最讨人喜爱的,更是最脱俗的!

25

莲莲的行为举止

莲莲妈妈认为,女孩除了要有温柔、善良的本性,更要善解人意、有修养。一直以来,莲莲妈妈都尽量这样要求女儿。然而,莲莲现在所接触到的要么是"野蛮女友"的熏陶,要么是电视剧中的无厘头,再加上学校同学之间的相互效仿,对如何培养莲莲优雅得体的举止,着实让莲莲妈妈头痛不已。

有一天,莲莲妈妈正在家中看稿。突然,传来一阵急促而重重的敲门声,仿佛发生了什么危急的事情。莲莲妈妈被吓了一大跳,急忙跑去开门,原来是莲莲忘记带钥匙了。

莲莲妈妈曾经多次跟莲莲说过,要她注意自己的行为举止,要优雅稳重一点,可莲莲就是不听。

"站有站相,坐有坐相",这是莲莲妈妈对女儿经常念叨的一句话。莲莲妈妈想,今后莲莲是要上社会的,而今后的社会交往将会更加注重一个人的内在修养和外在气质的完美结合。但莲莲现在这样让莲莲妈妈很担心。

读故事悟道理

时代的变迁导致对人的素质、修养、行为模式等各方面都会有不同的要求,但作为女孩,除了注重内在修养的培养,也要注重举手投足间的仪态举止。优雅应该是女人一生中的崇高境界。心灵纯净,身体健康,气质高雅,谈吐不俗,这些都是优雅女人的表现。当然,女孩要想成长为一个优雅的女人,就必须从小做起。因为只有习惯才能成自然。举止优雅的女孩,待人接物彬彬有礼、不卑不亢;举止优雅的女孩,餐桌上行为得体;举止优雅的女孩,不和父母顶嘴,不打断别人说话;举止优雅的女孩,随时随地体贴照顾他人,尊敬和关心他人……举止优雅带给女孩的好处实在是太多了,它不仅赋予女孩柔性、大气、得体之美,更为女孩成长为淑女奠定了强有力的基础。

培养完美女孩指南

进入成人世界的父母深深明白,举止优雅将会为长大后的女孩带来怎样的无穷魅力。但在现实生活中,很多性格外向的女孩却给父母带来了众多关于"举止优雅"教育的挑战。身为父母,应当通过潜移默化的方式去约束女儿不当的言行,一点一滴地培养起女儿的淑女气质。然而,女孩和女孩也是不同的,有的女孩天性好静,有的则天性好动。因此,要想将自己的小公主培养成真正的小淑女,父母最少要准备两套方案。一套方案用于精力过剩、个性外向的女孩;一套方案用于所有女孩,在生活的每一个细节中去培养她们的淑女气质。

1. 妈妈要做优雅的好榜样

妈妈是女儿的一面镜子,所以,培养淑女更需要妈妈言传身教。无数事实证明,母亲的一言一行对女儿的影响是巨大的。如果母亲说话大嗓门,那女儿讲话多半不能细声细语;母亲行为无所顾忌,女儿自然也会大大咧咧……所以,要想培养出真正的小淑女,妈妈必须先做优雅女人。相信用不了多久,妈妈就会在女儿的眉宇之间看到自己优雅言行的影子。

2. 要正确引导精力过剩的女孩

虽然由于女性激素的作用,很多女孩都会表现得很安静,但随着时代的变迁、教养方式的变化,像男孩一样精力过剩的女孩开始变得越来越多了。父母如果用强制的手段,硬让一个性格外向、精力充沛的女孩变成一个安静的小淑女,并不是一个好办法。这不仅不利于孩子的身心发展,也遏制和破坏了孩子童年的快乐。对于精力旺盛的女孩,正确的教育方式应当是这样的。

(1)教孩子做一些安静的事情。随着女孩年龄的增大,父母可以逐步引导孩子做一些安静的事情,例如折纸、下棋、画画、钓鱼、照相、集邮等,这些活动有利于培养女孩安静专注的性格。

(2)将孩子的精力导向正确的方面。对于精力旺盛的小女孩,父母可多为孩子提供一些体育用品,如小皮球、小自行车、溜冰鞋等,这些都是好动孩子十分青睐的物品。当女儿满腔热情地投入到体育活动中,她不仅从此多了一种有益的兴趣爱好,还可达到"以动制动"的目的。

3. 要告诉孩子举止优雅的标准

优雅举止是有一定标准的。在日常生活中,父母不妨参照以下标准,对女儿提出合理正确的要求。

(1)行为举止。父母应对女孩的站、坐、行以及神态、动作等方面提出一些明确的要求。例如,优美的站立姿势要求身体直立、挺胸收腹、脚尖稍向外呈 V 字形;要避免无精打采、耸肩、塌腰,不能半躺半坐等。

(2)表情神态。父母要教育女儿,与人交往要表现出对他人的尊重、理解和善意,要面带微笑,千万不要出现剔牙、掏耳、挖鼻、搔痒等不良习惯动作。

4. 要多提示和表扬女儿

需要注意的是,女孩的一些错误行为往往是出于考虑不周,而不是有意冒犯。因此,如果父母此时严厉斥责、制定规矩,往往会使孩子产生反感和抵触情绪。要想让女孩变得举止优雅,提示和表扬是一个好办法。当优雅举止成为孩子一种自觉的习惯时,女儿卓尔不凡的气质也就形成了。

26

细心引导的柔柔妈妈

柔柔妈妈是一个既能接受时尚、前卫信息,同时又比较传统的人,对柔柔的教育是比较开放的。柔柔独立性很强,只要是有益的活动,妈妈都会鼓励她参加。柔柔妈妈不提倡"死读书",认为适当的社交对于柔柔今后社会适应能力的培养是非常有用的。

柔柔妈妈特别注意柔柔跟他人交流的态度、技巧,告诉她在什么场合应该怎样和别人说话,不要议论和询问他人的隐私。在谈话时,参与谈话的人不但要讲,而且还要听。自己讲话时要充满信心,亲切有礼,听别人说话时要聚精会神,切不可漫不经心。与此同时,还要做出积极反应,有什么想法和感受,要通过点头、微笑、手势、体态等不同方式随时表露出来,不要呆头呆脑,无动于衷,而要捕捉对方因谈话内容所产生的反应。一般来说,谈话不只是将某件事告诉某个人,而是互相沟通的交谈,是谈话双方之间的意见和情感的交流。

由于柔柔妈妈的细心引导,柔柔养成了谈吐优雅的好习惯。

读故事悟道理

谈吐是一个人的外在灵魂,它可以让众人为之倾倒,也可以让人们产生厌恶之情。谈吐优雅不仅能体现一个女孩大方的气质,更能体现出她谦恭有礼的态度,可以为女孩平添无限的魅力。

培养完美女孩指南

如果一个女孩子非常漂亮,但她一说话却是满口粗俗的话,那么她就是令人失望和讨厌的。如果一个女孩并不怎么漂亮，但却有温文尔雅的谈吐，那么她无疑是受人欢迎的，因为温文尔雅的谈吐是女孩聪明、有教养、有内涵的体现。孩子天性好模仿，学习说话、待人接物往往都是从模仿开始的。女孩常常以父母作为学习的榜样，每天都会用精细的目光观察父母的一举一动、一言一行。因此，父母在说话时必须注意谈吐文明。那么，作为父母，该如何赋予女孩不俗的谈吐，使她不仅能够清晰地表达出自己的思想，而且还能通过言语体现出优雅、高贵的气质呢？

1. 对女儿讲话要谈吐优雅、言传身教

从孩子牙牙学语开始，父母就一直充当着话语引导人的角色。父母平时要多使用纯洁、优美、真诚的语言，不使用不文明的语言，以免让孩子的心灵受到污染。

2. 要教女儿使用礼貌用语

礼貌用语不仅能表现出女孩对他人的尊敬，也能在无形中拉近和他人的距离。我们要鼓励女孩经常把"您好"、"谢谢"、"请"、"对不起"等最常见的礼貌用语挂在嘴边，鼓励她对父母以及其他长辈使用敬语"您"。同时，父母也要营造一个文明的家庭氛围，这样女儿才会逐渐养成使用文明语言的习惯。

另外，在教育女儿使用礼貌用语时，父母不要用教训、命令的口吻，而是要循循善诱、谆谆教导，这样女儿卓尔不凡的优雅气质才能更好地被培养出来。

3. 要让女儿说话时有大方的态度

说话时扭扭捏捏、吞吞吐吐的女孩难免会给人一种"小家子气"的感觉，而说话声音悦耳、语气平和的女孩则显得很大方，也很容易给人留下深刻的印象。因此，父母要从语气、语速、音量三个方面训练女儿讲话的方式，从而培养她的大方气质。

父母要告诉女儿：说话时要口齿清晰、语言流利；语气要平和、舒缓，不要大吵大嚷；语速要适中，不要过快也不要过慢；声音的音量要视情况而定，如果离对方距离较远或者对方耳背，则可以适当地抬高音量，如果是面对面，音量就不要过高。

同时，父母还要要求女儿，在和别人说话的时候要看着对方，以此表示专注地倾听，切不可左顾右盼，更不能表现出怠慢的态度。

4.要鼓励女儿在陌生人面前说话

有些女孩和熟人总是能有说有笑,可是碰到陌生人,比如当家里来了客人的时候,她就不知道该说些什么了。因此,父母要有意识地培养女儿和陌生人交流的能力。

5.要教女儿学会言行谨慎

古语讲"纶言如汗",意思是说皇帝说出的话就像流出的汗一样,没有挽回的余地,话一旦说出来了,就不可能再收回。其实,我们平时说话也是这样。正因为如此,父母一定要教女儿言行谨慎,把握好说话的分寸,比如如何委婉地拒绝别人,不当面揭露对方的短处,不在背后说别人的坏话,不轻易对他人许下诺言,等等。

27

化妆三境界

女作家琳达非常注意自己的形象。有一次,她在美发时遇到了一位著名的女化妆师。对于这个生活在与自己完全不同领域的女性,琳达增添了几分好奇,因为在她的印象里,化妆师再有学问,也只是皮毛功夫,实在不是知识女性所向往的职业。于是,琳达忍不住问这位女化妆师:"你研究化妆这么多年,到底什么样的人才算会化妆?化妆的最高境界到底是什么?"

对于女作家提出的问题,这位年华渐逝的女化妆师露出一丝淡淡的微笑。她说:"化妆的最高境界可以用两个字形容,就是'自然'。最高明的化妆术是经过非常考究处理的化妆,让人家看起来好像没有化过妆一样,并且化妆的效果要与人的身份匹配,能自然表现一个人的个性与气质;次级的化妆是把人凸显出来,让人醒目,引起众人的注意;拙劣的化妆是一站出来别人就发现她化了浓妆,无非是想掩盖自己的缺点或年龄;最坏的一种化妆是扭曲了自己的个性,使人失去了五官的协调,例如小眼睛的女人竟化了浓眉,大脸蛋的女人竟化了白脸,阔嘴的女人竟化了红唇……"

女化妆师见琳达听得入神,继续说:"这不就像你们写文章一样?拙劣的文章常常是词句的堆砌,扭曲了作者的个性;好一点的文章文采飞扬,能够吸引读者的注意力;最好的文章则是作家自然真实情感的流露,读者阅读文章的时候仿佛是在读一个活生生的人。"

琳达听着不停地点头。女化妆师接着说:"你们写文章的人不也是化妆师吗?三流的文章是文字的化妆,二流的文章是精神的化妆,一流的文章是生命的化妆。我这样讲,你懂化妆了吗?"听到这里琳达深为自己最初对化妆所持的观点而感到惭愧。

"这是非常高明的见解!可是,说到底做化妆的人只是在表皮上做功夫!"琳达感叹地说。

"不对,"化妆师说,"化妆只是最末的一个枝节,它能改变的毕竟不多。深一层的化妆是改变体质,让一个人改变生活方式、睡眠充足、注意运动与营养,这样她的皮肤得到了改善,精神充足,比化妆有效得多。再深一层的化妆是改变人的气质,多读书、多欣赏艺术、多思考,豁达乐观,对生命有信心,心地善良,关怀别人,自爱自尊,这样的女性即使不化妆也差不到哪里去,脸上的化妆只是整个化妆活动最后的一件小事。我可以用三句话来概括:三流的化妆是脸的化妆,二流的化妆是精神的化妆,一流的化妆是生命的化妆。"

读故事悟道理

谁都想拥有一个美丽的外表,正如"云想衣裳花想容"一样。但是,美丽的外表并不一定代表着具备优雅的气质。优雅的气质是由内而外散发出来的,是优秀品质的集中体现。优雅的气质不仅可以让他人赏心悦目,而且还能让女孩收获更多的自信。

培养完美女孩指南

生活中,很多女孩过分追求外表美,沉迷于怎么打扮才更漂亮,这样很容易产生爱慕虚荣的心理。这种心理又会导致女孩形成一种错误的审美观,会认为靓丽的外表就是唯一的追求。一旦女孩形成了错误的审美观,将会影响她形成正确的人生观和价值观,进而影响未来的发展。因此,为了女孩将来拥有优雅的气质和高尚的品质,父母要引导她的审美情趣,让她尽早学会正确审美。那么,父母该怎样引导女儿正确地审美呢?

1. 要允许女儿打扮自己

孩子到了三岁之后,开始对自我和环境有一种审美要求。尤其是女孩,她开始对自己的外表打扮产生浓厚的兴趣,开始关注自己的衣着是否漂亮。父母要注意,女孩在审美敏感期所表现出来的行为都会为将来审美观的形成奠定基础。因此,父母千万不要批评或阻止女儿所表现出来的言行举止,而是要尽量满足她的心理需求,允许她打扮自己。

当然,这并不意味着父母对女儿的衣着打扮不闻不问,而是要在尊重她的意愿和选择的基础上给予指导和建议,与她探讨怎样的打扮是美丽而得体的,从而让她形成正确的审美观。

2. 要教女儿学会正确的衣着搭配

衣着打扮是女孩内在品位、气质的无声表达,也是展现女孩个性、美丽的符号。因此,父母要教女儿学会正确搭配衣着,让她学会选择适合自己的衣服。

父母要让女儿明白:衣着打扮不要求多么华丽,但一定要整洁、得体。不同的场合要有不同的打扮,比如上学的时候一般就穿校服,平日里可以根据个人的喜好穿自己喜欢的衣服,如果跟着父母参加一些聚会,就要稍微打扮一下,这是对他人的一种尊重。另外,对于衣着的色彩、款式的搭配,父母也可以和女儿一起探讨,给她一些建议。

3. 要矫正女儿不正确的审美观

在一些媒体和潮流的影响下,紧身衣、露脐装、超短裙、豹纹装如今成了很多女孩崇尚个性美的标志。对于缺乏辨别美丑能力的女孩来说,确实可能会产生一些不正确的审美观。对此,父母需要转移女儿不正确的审美观,让她认识到什么才是真正的美丽。我们可以这样引导女孩:美丽不是靠暴露、奇形怪状的衣服衬托出来的,只有衣着得体、大方才是真正的美丽。

当女孩懂得了"真正美"的标准,才会把精力和心思放在提升内在修养和自身能力上,才会散发出真正的优雅气质。

28

温柔是一种强大的力量

柯达全球副总裁叶莺是一位美丽、性感、智慧的女性,而她之所以成为世界500强企业中的首位华人女总裁,依靠的不仅是聪明能干,更多的是因为她聪明地展示了女性特有的温柔。

在谈到自己如何屡次获得事业上的成功时,叶莺是这样说的:"我的交际之所以成功,首先是女人的柔情,柔情似水不是指徐志摩诗歌中写的那种温柔地一低头,像水莲花无限的娇羞,而是有一种滴水穿石的力量。我每次做事前,不会只考虑到自己的利益而把别人当傻瓜。要将自己放在别人的位置想问题,由于环境、文化、价值观、地域的不同,可能我做不到100%,但至少能做到50%,这总比做10%好,更比0%好。"

从叶莺身上,可以看到温柔女性的强大力量。它不仅让女性看起来更美丽,也更成为女性强大的武器。

读故事悟道理

温柔是女孩独有的一种气质,是一种修养,更是一种智慧。温柔总是自然地流露,与人性同在,藏不住也装不出。温柔是一种感觉,所有美丽的言辞也替代不了的感觉。温柔是上天赋予女孩最美好的特质之一,缺失了温柔的特质,女孩就缺失了身为女性应有的一种美丽。温柔使女孩如水般从容谦和,也是女孩征服世界、走向成功的有力武器。

培养完美女孩指南

其实,无论在什么情况下,女人的温柔都显得极具人情味,能够化解别人的种种无奈和痛苦,使对方充满喧嚣的心灵变得宁静、自信,从而获得对方的好感。温柔是一个女人极具吸引力的品质,是女人重要的特质之一。正如朱德在《回忆我的母亲》里表述的母亲的温柔,"母亲在家庭里极能任劳任怨。她性格和蔼,没有打骂过我们,也没有同任何人吵过架","母亲那种宽厚仁慈的态度,至今还在我心中留有深刻的印象"。列宁则认为,正是母亲的影响激发了他的革命热情。由此可见,温柔对女人来说是多么重要的品质。温柔不仅对女人自身有益,还能影响到下一代。因此,父母应该培养女孩温柔的特质。在培养孩子温柔的同时,父母还要告诉孩子决不能软弱,而是要自信自立、自尊自爱,具体可以从如下几个方面去做。

1. 要让女儿正确认识自己

父母要让孩子懂得人人都有所长,也都有所短,不能因为自己不如人而产生自卑感,并因此自暴自弃,变得软弱起来。比如告诉孩子:"幼儿园老师找小朋友表演节目而没有挑选你,这并不能说明你是个笨孩子,回到家里你可以表演给父母看。"同时,父母要对孩子少一些偏袒、溺爱,多一些客观的评价,使孩子建立真正意义上的自尊,而不是唯我独尊。

2. 要以身作则,做温柔的妈妈

如今女性的独立意识越来越强,越来越多的女性走向社会,也出现了越来越多的女强人。与此同时,有的女性丢失了女人身上一种很珍贵的气质——温柔。

当然,作为新一代的女性,妈妈们需要独立,需要在社会上发展属于自己的事业。但是,作为妻子,作为妈妈,也需要保持温柔的天性,让家人感受到家庭的温暖。而且,在妈妈的影响下,女孩也会向妈妈学习,从而变成一个温柔的女性。

无论是外表还是内心,妈妈们都要保持温柔,言谈举止要柔和,多选择一些展现女性柔美特点的衣服装扮自己。同时,妈妈还要时刻提醒自己,要以身作则,把女性温柔的一面展现出来。

3. 要真正把女儿当女孩来养

如今大部分女孩都是独生女,而有的家庭还存在着一种"重男轻女"的观念,迫切希望有一个男孩,结果就会有意识地把女孩当成男孩养,希望她具备男孩的勇敢、果断、刚强等气质。这样一来,女孩就没有了女孩样,更容易失去温柔的天性。

所以,父母要摒弃"重男轻女"的观念,要把女儿真正当成女孩养,在教育的过程中,多考虑到她是个女孩,注重培养她的性情与素养。如此一来,女孩的温柔天性就会永存。

4. 要培养女儿柔和的性格

父母要想让女儿真正变得温柔,就要培养她柔和的性格,让她无论从态度上还是从行为上都展现出温柔的特性。父母对女儿柔和性格的培养,并不需要刻意地训练,只需要在平日里多加引导和提醒。

当女儿与他人相处时,父母要教她保持微笑,态度要柔和,说话要保持平和的语气、平缓的语速、适中的音量,动作要大方不扭捏。慢慢地,女孩的性格自然就会变得柔和,气质也就会变得温柔。

5. 要善于寻找女儿"强势"的源头

女孩天性温柔,之所以会变得强势,一定有一个模仿的源头,也许是从父母、同学等身边人那里学到的,也许是从电视节目中学到的。因此,父母要找到女孩变"强势"的源头,并尽量切断它。

温柔是一种美德,软弱则是一种缺点,强势则偏离了女孩的"轨道"。因此,父母一定要努力把女儿培养成温柔但不软弱、不强势的孩子。

29

埃斯泰·劳德的推销收获

埃斯泰·劳德出身于一个普通的家庭，没上完中学就开始上街推销舅父调制的护肤膏。

为了增加销售量，埃斯泰经常走街串巷，虽然早出晚归，十分辛苦，但是销售量仍然达不到她期望的目标。那么问题究竟出在哪里呢？她百思不得其解。

有一天，埃斯泰委婉地问一位女士："请您告诉我，您刚才为什么拒绝购买我的产品？是我缺乏推销技巧吗？"

女士回答说："不是技巧的问题，推销要什么技巧？如果我觉得你在卖弄技巧，我就会将你赶出去的！是你的气质形象不佳，让我感觉你就是一个低层次的人，这怎么能让我相信你的产品是高质量的呢？"

显然，这位女士的话里带有对埃斯泰不敬甚至污辱的成分，但埃斯泰丝毫没有介意。她兴奋地认为自己找到了销售问题的关键：那就是推销员的气质形象问题。

埃斯泰回想起自己推销的过程：每天到处上门推销，整日风尘仆仆的，衣服洗了也没有时间熨烫平展，鞋子上落了尘土也顾不上擦干净……以这样的个人形象在写字楼里走来走去，女顾客无形之中就会怀疑产品的质量和品位。尽管推销的产品质量很高，但她们仍把它看作那种沿街叫卖的"地摊货"，这样谁还愿意购买呢？

于是，埃斯泰决心培养自己的自信，努力改变自己的气质，精心包装个人形象。她每日再忙也要熨烫好外出的衣服，出门前把皮鞋擦得光亮，言行举止也模仿名门闺秀的样子。她简直判若两人——显得很有魅力！

慢慢地，越来越多的顾客乐意购买埃斯泰推销的产品了。从此，她一发不可收拾，最终建立了雅诗兰黛化妆品集团公司，成为世界化妆品王国中的皇后。

读故事悟道理

形象是一个人的仪表、气质、性格、内心世界的综合反映,是一个人的"名片"。一个人的仪表非常干净整洁,不仅能够体现一个人的精神面貌,还会让别人对自己充满信心。

培养完美女孩指南

父母或许都有过这样的经历与感受:不管一个女孩的相貌如何,如果她干净整洁地出现在大家面前,很快就会博得他人的喜爱,父母也会感到很骄傲;但如果小女孩很邋遢,头没梳、脸没洗地出现在众人面前,即使其他人没说什么,父母也肯定会感觉特别没面子。所以,父母要想让女儿成为一个注重仪表美的人,就要从小开始教育她,具体可以从以下几点入手。

1. 要做出讲究卫生、注重仪表美的表率

父母应首先明确这样一个道理:女孩不讲究卫生、不讲究仪表美,可不是一件小事情。为了让女儿养成良好的卫生习惯,父母一定要严格执行卫生规则,为女儿做出表率。

2. 要让女儿学会物品归位

父母从小就应培养女儿把脱下来的衣服、玩过的玩具放回原处等物品归位的能力,这对女儿将来爱整洁、做事情井井有条都很有帮助。例如,每次女儿乱放衣服或玩具等物品时,父母都要提醒:"这些东西应该放在哪里的?"

事实证明,那些从小就能把衣服叠得整整齐齐的女孩,往往会成为一个卫生习惯良好、个人仪表出众的人。因此,父母一定要在女儿还小的时候就让她自己负责叠衣服,并作适当的指导。父母可让女儿先从小衣服叠起,比如短衣、内衣、女孩自己的衣服等,熟练后再教女儿叠一些大衣服和厚衣服,如女孩的棉毛衫、妈妈的上衣、长裤等。在这个过程中,父母要教给女儿一些技巧,例如如何才能把裤子叠得不出褶、如何才能把衬衫叠得更平整等。

3. 要对女儿提出整洁的标准

在日常生活中,为了让女儿拥有整洁之美,父母可以参照以下标准,对女儿提

出合理正确的要求。

从仪容仪表来进行要求。仪容仪表的整洁对女孩来说非常重要,父母应对女儿作出如下几点要求:要把脸、脖子、手都洗得干干净净;勤剪指甲勤洗头;早晚刷牙,饭后漱口,注意口腔卫生;经常洗澡,保证身体没有异味;衣着要干净、整洁、合体。

与男孩相比,整洁对于女孩是更加重要的。性别特征决定了女孩必须干干净净、清清爽爽,只有干净清爽的女孩才更加招人喜爱。女孩的家长不可放松对女儿整洁的要求,并且自己为女儿做出好的榜样,潜移默化地来影响女儿,这样女儿的仪表之美才能得以充分体现。

30 茹茹家来了客人

茹茹今年七岁了，可是她的性格却一直有些腼腆，从来不敢与陌生人接触。为此，妈妈想了很多办法。星期六晚上，妈妈说："茹茹，你还记得那个戴眼镜的刘阿姨吗？"

"记得，怎么了？"

"她的女儿和你差不多大，叫笑笑，明天说要来我们家做客，到时候，你可得带着笑笑玩呀！"

"不行，我都不认识她。"

"没事，明天见面就认识了，你可以带着笑笑参观一下你的房间，和她一起玩玩游戏。不怕，还有妈妈呢！"

茹茹只好答应了，然后，妈妈就教给了她一些待客之道。

第二天，刘阿姨和笑笑来了，茹茹又是倒水又是拿水果，虽然动作还不熟练，但足以得到客人的夸奖。然后，茹茹带着笑笑来到自己房间，玩了起来。

经过这样几次待客的体验，茹茹慢慢习惯与陌生人接触了，也越来越大方了。

读故事悟道理

气质优雅的女孩都有一种大家风范，无论在什么场合，她都表现得大方得体、温文尔雅。但是，还有一些女孩表现得害羞、腼腆。害羞的女孩大多不愿意主动与人交往，严重的甚至会产生社交恐惧症。然而，在竞争激烈的社会中，只有大方优雅的女孩才能更好地适应不断变化的社会环境，才能拥有更好的人际关系。

培养完美女孩指南

腼腆、害羞是很多女孩都存在的一个问题，父母对此千万不要着急。面对女儿的害羞行为,父母只要不犯"贴标签""不体贴反指责"的错误,而是采取循循善诱、增加锻炼机会等教育方法,那么她自然会成长为一位大方、不扭捏的优秀女性。

父母可以从以下几个方面入手。

1. 要多鼓励女儿,不要总是指责她的害羞

面对女儿的害羞行为时,父母不要去指责她,而是要多鼓励她。如果指责她,就如同父母给女儿贴上了一个"害羞"的标签,很可能会让她变得越来越害羞。而在父母的鼓励下,女儿更可能慢慢地大方起来。

2. 要有意识地锻炼女儿的胆量

一般来说,害羞、腼腆的女孩都比较胆小,不敢自己尝试做某件事情。所以,父母要有意识地锻炼女儿的胆量,使她克服害羞、腼腆的心理,让她逐渐变得大方、勇敢、自信,这样女儿优雅的气质就会逐渐形成了。

平日里,父母可以试着让女儿独立完成以前不敢尝试的事情,比如在保障安全的前提下,让她主动接触陌生人,并与陌生人交谈;外出购物的时候,让她去结账;让她去邻居家借东西;等等。做这些事情可以锻炼女儿的胆量,增强她的自信心,从而帮助她摆脱害羞、腼腆的心理。

3. 增加女儿的社交机会,锻炼她的大方气质

父母要想让女儿彻底摆脱害羞、腼腆的心理,就必须增加她的社交机会,让她从中得到锻炼。当女儿慢慢喜欢与人交往时,父母就可以多带她去亲朋好友家做客,或带她参加一些聚会和社会活动等。

在社交过程中,父母不要强迫女儿去做某件事情,而是先让她适应陌生的环境,然后再鼓励她与人交往,在适当的时候给予引导,让她的言谈举止变得更加大方、得体。

4. 要提高孩子的自我评价

腼腆的孩子往往自我感觉差,在社会活动中有一种"被抛弃"感。因此,父母要帮助他们发现自己的长处。

每个孩子都有其闪光的一面,父母的教育就是要将孩子闪光的这一面继续发扬光大。当孩子对自己的能力充满信心时,大方、不扭捏的个性自然会水到渠成地形成。

31

才女徐静蕾的成长

徐静蕾是公众认可的才女之一,无论是作为演员还是作为编剧、导演,她都能够出色地胜任,可谓知性美的代表人物之一。但是,对公众的认可,徐静蕾则谦虚地说:"如果大家认为我的审美能力和分寸感掌握得还不错的话,那么,这在很大程度上得益于父亲小时候对我的教育和培养。"

父亲徐子健在女儿徐静蕾的教育上花费了不少心血。为了能够使女儿得到最好的教育,徐子健特意到图书馆查阅了关于早期教育的书籍,希望借助这些书籍能够培养出一个有修养、有内涵的女儿。

熟悉徐静蕾的人都知道她的毛笔字写得非常好,这得益于她父亲的教导。徐静蕾在两三岁时就开始练习识字、写字,像所有孩子刚开始学习写字一样,徐静蕾最早使用铅笔写字。后来,父亲发现她对毛笔情有独钟,于是就陪她每天练习写毛笔字。在父亲悉心的栽培下,再加上徐静蕾勤奋刻苦的练习,几年过后,徐静蕾的书法就有了突飞猛进的进步。

有一次,从事广告制作行业的父亲要请某名家为商厦题字,但是花费很大,而客户则希望减少这项开支,对此,徐子健灵机一动,就将徐静蕾写的字送过去了。对方看了一下觉得很满意,并且夸奖道:"此字刚劲有力,没有三四十年的功底是练不出来的!"而当时徐静蕾只有13岁,那时她父亲心中充满了自豪感。

如果读者有机会看到徐静蕾执导的《我和爸爸》、《一个陌生女人的来信》,就能够明白她父亲的自豪感了,因为片头的字都是徐静蕾亲自书写的。此外,徐静蕾对绘画也特别感兴趣,这同样是受到了父亲极大的鼓励。只要北京有美术展览,徐子健就会骑着自行车带她去看,他认为艺术能够陶冶人的情操。

看似文静的徐静蕾对新鲜事物充满好奇,有着强烈的求知欲望。对一些事情,她总是主动出击,一些独闯的经历使她从小就不怕生,即使见到陌生人也能谈吐自如。在没有经过专门训练和指导的情况下,徐静蕾顺利考取了北京电影学院,并在影视界有了长足的发展,取得了不凡的成就,这都得益于她年少时得到的锻炼。

读故事悟道理

古人常说:"腹有诗书气自华。"的确是这样,一个人书读得多了,在潜移默化中不仅可以丰富知识,而且可以陶冶情操,培养气质与涵养。在现代社会,外表已经不再是衡量一个人的重要标准了,人们更关心的是一个人内在的气质与涵养。一个从小喜欢阅读的女孩,在知识面、求知欲、表达能力、思考能力等方面都会表现出明显的优势。女孩通过博览群书,不仅可以积累到丰富的知识,而且可以体验到更为丰富的情感,这些无疑会让女孩成长为一个有气质、有涵养、有书香之气的优质女性。

培养完美女孩指南

女孩只有有才学,才会更有涵养、气质。因此,父母要让女儿爱上阅读,通过博览群书培养她的知性气质与涵养。

1. 要让女儿以书为师

书籍是人类进步的阶梯,是人类最好的老师之一。父母要让女儿以书为师。当女儿还在妈妈腹中的时候,就应该给她读一些语句优美的诗篇、经典文章,尽管她不懂其中的意思,但是她可以用心去感悟,也会在潜意识里留下深刻的印象。

当女儿会说话之后,父母可以和她一起阅读一些故事性强、有寓意的儿童读物,也可以让她读一些国学儿童启蒙经典,如《弟子规》、《三字经》、《百家姓》、《千字文》等。

当女儿上了小学之后,她的求知欲越来越强,父母要让女儿接触更多有意义、健康的书籍,不要拘泥于书的种类。父母可以给女儿买书,也可以带她到图书馆看书。在这个阅读过程中,父母要注意对女儿的引导,谨防她阅读一些不健康的书籍。

2. 要做热爱读书的表率,为女儿创造良好的阅读氛围

孩子都是特别喜欢模仿的。作为和女儿朝夕相处的人,如果爸爸妈妈很喜欢阅读,那孩子势必会对书本产生兴趣;如果父母认为读书是一种享受,那孩子一定也会认为读书是件快乐的事。

此外,为了提高孩子的阅读兴趣。父母还可以为女儿在家里建立一个她自己的"小图书馆"——为她提供一个单独的书架;父母还可以挤出时间,经常带女儿出入书店、图书馆,这样做有利于培养孩子对书籍的兴趣。总之,父母要尽量为女儿创造良好的阅读环境,在家庭中营造轻松、有趣的读书气氛,从而让女儿爱上阅读。

3. 可以带女儿去旅游,增长她的见识

旅游是一种动态的学习活动,是增长见识的最佳途径之一。在旅游的过程中,我们会欣赏到优美的自然风光和人文景观,了解历史、地理、建筑等多方面的知识,不仅可以增长见识,而且能陶冶情操。

在旅游之前,父母可以给女儿提出一些问题,让她带着问题去探索。在旅途中,可以给女儿讲一些历史故事,让她在轻松的氛围中了解历史文化。

对于旅游目的地的选择,父母应该尽量尊重女儿的想法和意愿,最好不要去一些过于喧闹的地方。当然,如果经济条件不允许去外地旅游,父母也可以带女儿到城郊、公园里走走,同样能达到让女儿开阔视野、增长见识的目的。

32
重视艺术修养的培养

有位家长为女儿请了一位年轻的大学生做钢琴老师,这位老师幽默风趣,而且帅气亲切,他和小女孩边聊天边学习,小女孩很快就喜欢上了弹钢琴。钢琴课成了小女孩愉快的期盼,枯燥的音符成了神奇的小精灵。这个小女孩长进很快,小学毕业就获得了钢琴十级证书。

还有一位家长,她的女儿上小学时,美术老师发现她画的画很特别,于是向家长建议让孩子上辅导班。这个家长看了孩子的画,反而否决了老师的建议,因为她看了女儿的画,感叹这孩子的想象力太丰富了,如果上辅导班,反而会束缚了她的想象,不如让孩子尽情发挥,学技巧到中学再学也不迟。

于是,这个家长毅然决然地放弃了让女儿上培训班的念头。女儿依旧爱信手涂鸦,虽然没有一定的规范,但是创意却越来越丰富。女儿经常会突发奇想,用一些很简单有趣的小物件为爸爸妈妈制作小礼物,比如买回五彩缤纷的丝巾,为的是给妈妈编个手镯。教师节那天,她没有买现成的礼品,而是画了两幅画,一幅送给语文老师,一幅送给数学老师。

读故事悟道理

艺术修养不是天生的,它需要在艺术欣赏和才艺学习中逐渐培养和锻炼起来。孩子潜在的艺术才能是极其丰富和宝贵的,要远远超过成人的估计。如果能够让孩子经常接触艺术,慢慢地,孩子就能真正地发现艺术的美感,这样她的艺术潜能就能得到惊人的发挥。孩子不但有艺术潜能,还有其独特的艺术感悟。虽然有时候孩子的有些作品在成人看来觉得可笑,但是在孩子的眼中却是伟大的创作。

培养完美女孩指南

一个拥有很高艺术修养与人文情怀的女孩,一定是一个气质优雅的女孩,一定是一个有魅力的女孩。从小培养女孩的艺术修养,对增强女孩的优雅气质大有裨益。父母无不希望自己的女儿成为一个气质优雅的女孩,不过,培养女孩学习音乐、舞蹈、绘画等才艺,一定要以她的兴趣爱好为出发点,要尊重她的意愿和想法,千万不要让这些才艺变成禁锢她自由成长和发展的枷锁。只有这样,女孩才能从中得到快乐,她的艺术气质才能得到提升。父母可以考虑从以下几个方面培养孩子的艺术修养。

1.父母要做富有生活情趣的人

父母对女儿进行艺术素质的培养,将直接影响女儿成长中的价值趋向、思维方式、生活观念等。女孩由于特有的敏锐与细腻,对艺术往往有着独到的理解。父母要做富有生活情趣的人,要有一定的艺术审美能力,女儿才能受到更多积极的影响。

2.要让女儿接受良好的音乐熏陶

有的父母认为自己的孩子没有音乐细胞,学音乐也没多大意义和作用。其实不然,不管女孩有没有音乐细胞,只要为她提供一种音乐氛围,让她用心感受音乐,在不知不觉中,她身上就会表现出一种灵动的气质。

在音乐氛围中成长的孩子,能深切感受理解音乐优美、崇高的情感特征,会随着节拍和旋律的变化任想象力充分发展。音乐对儿童的思维活动具有强烈的推动力,通过音乐的熏陶,有的孩子甚至能描绘许多闻所未闻、见所未见的事物,这对其今后的成长无疑具有极其重要的意义。所以,有人说音乐是智慧的源泉,是开启灵感的一把钥匙。因此,父母应该培养女儿去热爱音乐。

当女儿可以学步走路时,可以在她的脚上系一个小铃铛,让她在走路、跑步的节奏中感受声响;四五岁以后,父母可以开始让女儿唱一些儿童歌曲,也可以学习键盘乐器,键盘乐器比弦乐更适合幼儿学习。父母还可以带女儿上正规教育机构的音乐班,有条件的话可以常带女儿去听音乐会,让她亲眼看看乐队指挥是怎样挥舞双臂打拍子的,认识舞台上各种各样的乐器及形式多样的演奏与演唱,这样会增强女儿对音乐的亲切感,激发她对音乐的兴趣。

3. 要善于挖掘女儿的舞蹈天赋

有科学研究表明:当孩子还处于婴儿期的时候,他的身体一听到音乐就会自然地产生一种反应。尤其是女孩到了三四岁的时候,只要听到音乐,她就会和着乐曲高兴地扭起屁股来。

可以说,女孩三四岁的时候是学习舞蹈的最佳时期。因此,我们要抓住女孩的这一时期,激发她想要学习舞蹈的强烈愿望,并鼓励她学好舞蹈。父母可以多让女儿看一些歌舞表演,让她感受舞蹈的美,从而激发她对舞蹈的兴趣。

当女孩学习了舞蹈之后,她的身上会散发出一股活力和一种艺术气质,这种艺术气质不止表现在舞蹈表演中,还表现在平日的举手投足中。

4. 要让女儿自由地画,并给予适当的指导

美术是一种造型艺术。美术作品色彩协调,线条清晰,形象生动,既有助于锻炼孩子的视觉,又能够发展孩子的观察力和艺术想象力。一些简单的绘画、泥工、手工、纸工、制作玩具等和美术有关的技能,都可以培养孩子对美术的兴趣,并激发其美术创造能力。

女孩有着卓越的色彩感知力,对美有着非凡的理解,而绘画正好给了她创造美的机会,她可以通过绘画释放自己的情感,表达自己的思想。在女孩三四岁的时候,会经历一个"绘画敏感期",会根据自己的感受和想法去"乱画"。这时候,我们不要给女孩太多的干预,而要让她自由地画。在充满自由气氛的环境中,女孩才能顺利度过"绘画敏感期",她的绘画热情才能延续下去。当然,这并不意味着我们对女孩的绘画不闻不问,而是在适当的时候给予必要的指导。

另外,父母还可以给女儿讲有趣的故事,以丰富她的绘画感与想象力。闲暇的时候,父母可以带女儿逛公园或去野外踏青,开阔她的视野,让他感受自然界多姿多彩的变化,培养女儿的美术能力、记忆能力以及对生活、事物的感受能力,让女儿从小养成眼看、脑想、手练三结合的学画习惯。

孩子在学画过程中很容易有受挫感,当她发现自己画得不如老师、同学时,可能会失去耐心和信心,甚至会没了兴趣。所以,父母还应该培养女儿乐观愉悦的情绪,使生活中的事物形态、色彩、特征都变成女儿自己的多彩图画语言,让她能运用这种语言去自由自在地表达感情。

第五章
交际——善于交际的女孩最受欢迎

　　有位哲人这样说过:一个没有交际能力的人,犹如陆地上的船,是永远不会漂泊到人生大海中去的。的确,在现代社会,是否具有与人和谐相处的能力,对女孩的一生有着重大的影响。因为孩子在学校要和老师、同学们相处;长大成人后要和上司、同事们相处;出差时要和很多陌生人相处……如果孩子能够很好地处理这些关系,她的发展前途甚至命运将会顺风顺水。可以说,善于交际的女孩是最受欢迎的、最讨人喜欢的。

33

灵灵不喜欢和朋友一起玩

灵灵妈妈在接女儿放学的时候,给灵灵买了一包小气球,里面只有一个紫色的小气球,其他的颜色每样都有好几个。在路上,她们碰见灵灵的一个同学,两人都很高兴,一起玩起气球来。灵灵妈妈看气球挺多,就让女儿送一个给同学,于是就叫灵灵的同学自己挑一个。那个小同学听了非常高兴,就挑了一个紫色的气球。但是灵灵却不愿意了,说自己只有一个紫色的,说完便从同学的手中抢回了气球。灵灵妈妈看女儿这样马上就批评她,灵灵看到妈妈严肃的样子,于是十分不情愿地挑了一个粉红色的给同学。那位小同学拿着粉红色的小气球讪讪地走了,走时还说紫色的气球会爆掉的。灵灵听了非常不高兴,还说:"早知道粉红色的也不给你。"

还有一次,灵灵妈妈的朋友带了孩子到灵灵家来,灵灵妈妈让女儿和朋友的孩子玩积木。可是不到五分钟,朋友的孩子就哭着跑过去说:"阿姨,我没有积木,她不肯把积木给我玩。"望着孩子带泪的脸和坐在身旁的朋友,灵灵妈妈感到非常尴尬,于是气愤地质问女儿:"你怎么这么没礼貌?为什么不把积木分给妹妹玩?""这是我的东西。"灵灵用坚定的眼神看着妈妈。这时,灵灵妈妈又以商量的语气对女儿说:"对,这是你的东西,但是妹妹是客人,你应该把自己的东西和妹妹一起分享,把你的积木分一点给妹妹,和她一起玩,好吗?""不,这是我的东西,我不愿和她一起玩。"灵灵仍然坚定地回答,真把灵灵妈妈气得够呛。由于有朋友在,灵灵妈妈又不好跟女儿较劲,只好另外找了些玩具给朋友的孩子玩。

读故事悟道理

良好的人际关系非常重要,有时甚至可以决定一个人的生存质量乃至命运的走向。儿童时期是孩子个体社会化的重要时期,而社会化的顺利完成离不开人与人之间的交往。但是在当今的都市中,独立的空间环境使孩子们很少走动来往,严重影响了孩子们的人际交往能力。因此,父母要从小培养孩子与人为善的心态,让孩子学会关心别人,主动与人交往。

培养完美女孩指南

女孩的交往能力是其心理发展的重要方面,也是她适应复杂社会环境的重要手段。所以,父母要让女孩学会处理人际关系,引导她体察别人的心境,这样才能更好地与人和睦相处。具体可参照以下几个方面去做。

1. 要培养女儿积极的交往态度

父母要给予孩子一个充满爱的温暖家庭,经常和孩子一块游戏、娱乐。孩子生活在这种家庭中,从小就会树立起一种喜欢与人交往的态度。

2. 要为女儿创造平等的交往氛围

家庭中的大事,孩子可以知道的应该让她知道,适当地让孩子参与进去。家庭中涉及孩子的问题,应该多听听孩子的意见,这样有助于锻炼孩子的语言交际能力。

3. 要告诉女儿一些沟通的基本技巧

父母要告诉孩子,说话要注意场合,对于与自己年龄、身份不同的人,说话的语气、措辞是不一样的。在向别人传递信息的时候,一定要把自己的意思说明白。只有交谈双方对问题概念明确一致,自己的观点才会被对方领会、接受,避免造成误解。

4. 要教女儿体谅他人

不管是女孩还是男孩,一个能体谅他人的孩子一定会更多地赢得家长、老师以及同龄小伙伴们的喜爱。要想让女儿从小就学会体谅他人,父母就要把她当作家庭中独立的一员。每个家庭成员都要对家庭负责,都要为家庭作出贡献,孩子也不例外。

5. 要鼓励女儿真诚地赞美别人、感谢别人

每个人从心底里都有被人肯定、赏识的渴望。家长可以引导女儿及时地发现

身边每一个同学的长处,并真诚地赞美他们。此外,还要让女儿积极地发现同学们对自己的点滴关爱,并说上几句感谢的话语。这些友善的小火花就如与人相处中的润滑剂,一定能起到增进友谊、化干戈为玉帛的良好作用。这里还有个小秘诀,家长应告诉女儿:微笑是与人相处中最好的通行证。每天都要面带微笑,以一种宽容、欣赏的心态来与同学相处。久而久之,这样的习惯会融入女儿的血脉,为女儿一生的发展奠定良好的基础。

6. 要引导女儿尊重别人的意见,学会换位思考

家长应教导女儿,要与大家和睦相处,就要学会换位思考,也就是换个角度去想一想。这样将心比心,就会更好地体谅他人,并诚心地与他人合作。当别人的意见与自己不一致时,不要一开始就否定,而应该先考虑别人意见中合理的地方,从大家都赞同的地方开始沟通,气氛就能缓和融洽了。

7. 要多让女儿与他人往来

很多女孩在交际方面都具有两面性——她们在家里也许能说会道,在外面却显得拘谨、胆小。针对这个问题,家长要多给孩子提供与别人交往的机会。女孩怕生是很正常的现象,父母对此不应过分着急,只要经常有意识地创造孩子与他人交际的机会,孩子就必然能克服怕生的问题,交往能力也会逐渐得到提高。

34

瑶瑶不喜欢与人交往

瑶瑶性格比较内向,不喜欢与人交往。

第一天到幼儿园时,瑶瑶边哭边缠着妈妈陪她去上课,好在老师把她留住了。但瑶瑶每一节下课都要出来小便,其实她是想看看爸爸是否还在学校。平时她不肯叫人,在放学爸爸接她回家的路上,爸爸偶尔听见她说哪位阿姨给她什么了,就问她叫人了没有,她只是低头一笑。从她的表情中,爸爸知道她没有叫。

眼看着瑶瑶一天天地长大,个头快要跟大人差不多高了,但她还是特别怕叫人,不到正面碰头的时候是不开"金口"的。每天走进校门,如果瑶瑶看见老师正和其他同学打招呼或不注意时,就会走到离老师远一点的地方,省了这一声"老师好"。真的避免不了的时候,她的一声"老师好"也是很轻很轻。每天早上上学,有的同学总能热情、响亮地跟值班老师打招呼,听得瑶瑶爸爸有点儿耳馋。于是,每天早晨进校门提醒女儿叫"老师好"成了瑶瑶爸爸的必修课。每当听见其他小朋友主动叫老师时,瑶瑶爸爸就对女儿进行教育,遇见老师时就轻轻地提醒她。平时,父母经常领瑶瑶出来玩,鼓励她自己去结识小伙伴。刚开始时,瑶瑶只是在一旁看着别的小朋友玩,她很高兴,自己却从不参与。慢慢地,她便拖着姐姐一起与小朋友玩。后来,她看到认识的同学也能主动打招呼了。

读故事悟道理

在当今社会,学会与人共同生活已成为个人必备的素质,培养孩子发展人际交往则是帮助孩子具备这一素质的基础。古往今来,凡是成功人物莫不善于交往,他们大都能够和大家打成一片、融为一体,即使他们没有交往之才,也必定得到善于交往之人辅佐。

培养完美女孩指南

在当前这个以人为本的时代,父母要注意女儿交往能力的培养,不仅要学会交往,更要善于交往。因为在小时候能主动与别人打招呼的孩子,长大后往往更懂得如何与陌生人成为朋友;小时候懂得与人交往技巧的孩子,长大后往往能吸引更多的朋友;小时候人缘好的孩子,长大后往往会有更多生活、事业上的好帮手。因此,父母要教育女儿学会与人交往,要学会关心别人,与小朋友友好相处。具体可以从以下几方面着手培养。

1. 要教给女儿人际交往的基础知识

首先,父母要让女儿了解人际交往的基本原则,如相互尊重、相互关心、以诚待人、礼尚往来,等等。其次,父母要教给女儿人际交往的礼貌用语和行为规范,如见面说"你好",分别说"再见";客人来家时让座递茶,客人离家时起身相送,等等。此外,父母还要告诉女儿如何选择好伙伴、好朋友,要多与那些热爱学习、文明礼貌的同学交往,虚心学习她们的长处,取长补短。

2. 要鼓励女儿走出家门,多与同伴交往

有位著名教育家曾经提出一条教育原则:家人不要太亲近儿童,儿童应该与年龄相同的儿童生活,然后才能学到与人相处之道。儿童总是与家人在一起,就会产生依赖式的自卑心理,将来步入社会就会感到很难适应。

父母要鼓励女儿走出家门多与同伴交往,在交往中获得丰富的社会交往经验,得到社会生活的锻炼,培养社交能力。

3. 要给女儿学习社交的机会

父母要多给女儿学习社交的机会。如每次带女儿去公园可与其他家长打招呼,去商店买东西与售货员交谈,拜访亲友进行问候,在家中招待客人等,都是让女儿学习如何与人交往的机会。这样父母不但为女儿树立了榜样,还教会了女儿交往的技能。

4. 要多给女儿一些自主权

女儿需要父母指导,但父母也需要让女儿对一些事情有自主权。例如,父母往往会为女儿的打扮或发型而操心,但教育专家建议,最好是让孩子在合理的范围内

自己作决定。在选择朋友方面，也需要给女儿某种程度的自主权。当然，父母都希望自己的女儿多交朋友，但同样也希望女儿不要误交朋友。

5. 要有意识地教给女儿一些社交技能

女儿在交往过程中都有自己比较要好的朋友。父母要教育女儿严于律己、宽以待人，朋友之间要互相信赖、彼此尊重。

35

朋友多了路好走

圆圆是一个性格温顺内向、成绩优异的孩子,可她在学校里却总喜欢一个人独来独往,几乎没有什么朋友。

原来,圆圆的这种情况与她的父母有着极大的关系。在圆圆还很小的时候,父母嫌外面空气污染严重,很少抱孩子出门玩。再往后抱着圆圆出门的时候,妈妈也不太愿意让别人碰孩子,一怕孩子沾染上细菌,二怕孩子以后没有警惕性,被陌生人拐跑。这样做的结果就是圆圆见到陌生人常被吓得哇哇大哭。

父母的做法使圆圆从小就养成喜欢自己一个人玩的习惯,平时总喜欢自己待在家里玩,很少出去。虽然偶尔也愿意跟小朋友一起玩,但玩一会儿很快就吵翻了。上学以后,圆圆对周围的环境极不适应,总是一个人坐在角落里发呆,不爱参加集体游戏。小朋友们也觉得她是个"怪人",不愿与她亲近。父母原本认为,随着年龄的增长,孩子会慢慢学会与他人交往,但现在圆圆虽然都上四年级了,依然没有改变一个人独来独往的习惯,没有要好的朋友,也很少与同学交往。

读故事悟道理

教育专家认为,让孩子多交一个朋友,就等于帮助他多打开一扇窗口,使其视野开阔、心胸宽广。正如一首歌所唱:"千里难寻是朋友,朋友多了路好走……"朋友是交往人群中最重要的部分,对孩子的心理发展有着重要的意义。对女孩来说,被同伴排斥或不能融入集体不仅是一段痛苦的经历,还意味着女孩将在孤独和寂寞中迷失发展的方向。没有朋友的女孩,更容易产生各种不良情绪。

培养完美女孩指南

孩子的孤僻内向会使得自己与身边的同学们无法沟通,而这种性格一旦形成,将对孩子的成长极其不利。没有了朋友的帮助、友谊的滋润,孩子将变得很迟钝、漠然。父母只有从小教会女儿与朋友相处,才能对女儿的健康成长有帮助,因为朋友的作用是无穷大的。所以,父母应该懂得,交朋友可以有效锻炼女儿的社会交往能力。女儿在和朋友一起合作、做游戏时,可以逐步学会与他人和睦相处,还可以学到他人的长处,培养自主能力和自信品质。因此,父母应该培养女儿的人际交往能力,鼓励女儿多结交好朋友。那么,父母应当如何具体培养女儿交朋友的能力呢?

1. 要鼓励女儿多结交朋友

多结交朋友是一个人心理健康的重要标志。大多数孩子在童年时代都会找到几个帮助自己理解生活、共享欢乐、分担痛苦的伙伴。事实证明,交往有利于发展思维能力。因此,父母应该鼓励、支持女儿多交友,并为女儿创设这样的环境。

2. 要为女儿创造交往机会

有心理学家研究指出:一个孩子只有经常和朋友们在一起,才能增进友谊。因此,父母要为女儿交友牵线搭桥。例如,可以先把别人的孩子请到家里来一起玩,然后再让女儿和别的孩子一起出去玩。等自己的女儿在和朋友的孩子的交往中产生了愉快体验之后,再扩大交往范围。

3. 要让女儿多参加集体活动

父母应该鼓励女儿走出家门、广交朋友,如参加夏令营等各种各样的集体活动,这些都是培训女儿交际能力的绝佳场所。女儿在集体活动中不仅可以结识许多的小伙伴,还可以在了解他人的基础上了解自己,学会用集体交往的规则调整自己的言行,学会尊重他人、信任他人、谅解他人、乐于助人,学会调整集体和个人的关系。

36
信守诺言的宋庆龄

在宋庆龄小的时候,一次,妈妈给她讲了"自食其言"的故事:春秋战国时,鲁哀公的身边有一个重臣叫孟武伯,他有一个最大的毛病就是说话不算数。因此,鲁哀公对他很不满。一天,哀公举行宴会招待群臣,孟武伯和哀公的宠臣郑重也参加这次宴会。孟武伯向来不喜欢郑重,在宴会上借机出郑重的洋相,便问道:"郑先生怎么长得越来越胖了?"哀公听到后,便插嘴道:"一个人常常吃掉自己的诺言,当然会长肥呀!"在座的大臣一听就知道哀公并不是批评郑重,是在暗中指责孟武伯说话不算数。

妈妈的故事是教育小庆龄说话要算数,要谨守诺言。对此,小庆龄铭记心间。

一个星期天,爸爸准备带着全家去朋友家做客。孩子们大都穿好了礼服就要出发了,只有宋庆龄仍在钢琴前弹奏着那动听的旋律。

妈妈喊道:"孩子们快走吧,伯伯正等着我们呢!"

听到妈妈的喊声,宋庆龄立即合上琴盖,跑出房间,拉着妈妈的手就走,刚迈出大门,她突然又停住了脚步。

"怎么了?"一旁的爸爸看到庆龄停住了脚步,不解地问道。

"今天我不能去伯伯家了!"庆龄有些着急地说。

"为什么不能去,孩子?"妈妈望着女儿说。

"妈妈,爸爸,我昨天答应小珍,今天她来我家,我教她叠花。"庆龄说。

"我原以为有什么非常重要的事情呢,这好办,以后再教她吧!"爸爸说完,便拉着庆龄的手就走。

"不行!不行!小珍来了会扑空的,那多不好呀!"庆龄边说边把手从父亲的大手里抽回来。

"那也不要紧呀！回来后你就到小珍家去解释一下，并表示歉意。明天再教她叠花不也可以吗？"妈妈说。

"不！妈妈，您不是常说要信守诺言吗？我答应了别人的事，怎么可以随意改变呢？"宋庆龄不停地摇着头说。

"我明白了，小庆龄是一个守信用的孩子，不能自食其言是吗？"妈妈望着庆龄笑了笑，接着说，"好吧，那就让小庆龄留下吧！"

父母放心不下家中的小庆龄，在客人家吃过中午饭，就提前匆匆地回到家中。一进门，爸爸高声喊道："亲爱的小庆龄，你的朋友小珍呢？"

宋庆龄回答说："小珍没有来，可能是她临时有什么急事吧！"

"没有来，那你一个人在家该多寂寞呀！"妈妈心疼地对女儿说。

"不，小珍没有来，家中虽然只有我一个人，但是我仍然很快活，因为我信守了诺言。"宋庆龄说道。

听了小庆龄的话，宋庆龄的父母满意地点了点头。

读故事悟道理

自古以来，中国就非常重视孩子的诚信教育。诚信是中华民族的重要传统美德，是每个人都应该具备的基本素质。"信"字是一个智慧的符号，左边是一个"亻"，后边是一个"言"，意思是"人言为信"。也就是说，一个人说出的话一定要兑现，要讲诚信。一个人不讲诚信，是无法在这个社会上立足的。换言之，诚信关乎着一个人的未来。

培养完美女孩指南

在生活中，很多孩子都有这样一个缺点，不认真考虑就作出承诺。之后就开始后悔自己的承诺，或者取消承诺，或者"忘掉"承诺。一个言而无信的人，是没有人愿意与他合作的。而能信守承诺的人不仅能博得别人的合作，同样会赢得他人的尊敬。因此，父母要教育女儿在作出承诺之前一定要考虑清楚，一旦作出承诺就要信守诺言。也就是说"凡出言，信为先"，凡是开口说话，一定要讲信用，答应他人的事情,一定要信守承诺。女孩只有具备了诚信的美德,才能在竞争日益激烈的社会中更好地立于不败之地。具体来说,父母可以从以下几个方面去培养女儿懂得信守诺言。

1. 要给女儿做一个榜样,不想做的事情就不要答应

女孩正处于心智发育时期,对是非没有一个正确的判断标准,她做人做事的态度都来源于父母的言传身教。在平日里,父母一定要注意自己的言行举止是否做到了诚信,是否履行了对周围人的承诺,要把诚信的美德"表演"给孩子看。尤其对于答应女孩的事情,一定要尽力做到,如果因为一些原因确实无法做到,要主动向她说明原因,请求她的谅解,并寻找机会弥补这个缺憾。在潜移默化的影响下,诚信的种子会慢慢植入女孩的心中。

有时候,父母总感到在某些事情上不得不答应孩子们,答应虽然好,但是如果答应后又满腹怨言,就会产生相反的结果。要想向孩子表明如何避免被迫作出承诺,首先父母自己不能被迫作出承诺。

2. 要帮助女儿树立诚信的意识

对于年龄小的女孩来说,她的脑海中可能还没有诚信的意识。对此,父母需要帮助她树立诚信的意识。

在生活中,父母要有意识地引导女儿思考关于诚信的问题,让她知道什么是诚信。父母可以给女儿讲一些关于诚信的故事,将故事中传递出来的思想传递给她,使她得到诚信品质的滋养。父母也可以和女儿一起分析故事中人物的对错,帮助她建立正确的诚信观。

3. 从小事着手培养女儿的诚信美德

诚信美德的培养是一点一滴积累而成的,是从生活小事中开始的。所以,父母要注意在生活小事中培养女儿的诚信美德。对于女儿答应父母的事情,如早晨几点起床、出去玩多长时间、去超市买什么东西、看电视只看多长时间,还有女儿答应周围人的事情,父母都要监督她做到,不能迁就、放纵她。

当女孩从生活小事中着手去实践诚信的时候,她就会更好地得到周围人的喜爱、信任,她的诚信美德也就慢慢培养起来了。

4. 要及时肯定女儿的诚信言行

通常情况下，女孩感情细腻，比较敏感，很在乎外界对她本人的评价。因此，当女儿有了诚信的言行时，父母一定要及时给予肯定，可以是语言上的肯定，如"做得不错"、"真是个讲诚信的好孩子"等；也可以是无言的肯定，如一个灿烂的微笑、一个温暖的拥抱等，这些都会加强女儿对诚信的重视程度，从而让她以后做得更好。

5. 要让女儿学会慎重许诺

父母要教育女儿，在许诺前务必要考虑是否应当答应，凡不应做的事就不要答应，让孩子知道感情用事、讲"义气"同讲信用不是一回事。守时和守信在很多场合是互相联系的，父母要善于把它们融会贯通，一起加以训练、培养，使孩子养成良好的守时守信习惯。

6. 要鼓励女儿提高认识

如果孩子表现出不守信用的现象，往往可能是由于孩子认识不清、把希望当成真的、把幻想看成现实而造成的，父母应该让孩子努力提高认识，尽量分清真假，正确面对现实中正在发生的事情，鼓励孩子做有意义的事，逐渐认清现实，减少对现实的夸大。

37

你与之交往的人就是你的未来

在一个很美丽的村子里,住着一些很朴素的村民,他们都很友好。突然有一天,这里来了一个富有的太太,她带着她的家眷在这里盖了一座很漂亮的房子,之后,她便和这里的村民住到了一起……

本来一切也相安无事,因为她觉得村民很朴实,人也都很好,不像那些城里人都是那么虚假。她想,她是可以和他们友好相处的。而事实也的确如此,他们相处得很好。然而,后来的一件事,让她很是伤心……

那年快过年了,村子里有一家人办喜事,村子里很是热闹,她也为这快乐而快乐着。那位朴实的村民本来是想给全村人都送去一份代表幸福的糖果,当然也包括给富人家送去的一份,怎么说也是住在一起的乡邻啊,怎么说也是喜事,要快乐就一起分享嘛!他本来真的是这样想的,可是当他拿出那些糖果时,他犹豫了。

因为他看着那些糖果,看着看着,他发现这些糖果不知道那个富太太看不看得上,也不知道她会不会收,就是收了他也不知道人家会不会高兴,会不会去吃……于是他最后决定:不给了吧,人家可能都不会在乎的。

而那个富太太到底是怎么想的呢?在那个村子里拿到幸福的糖果是件很快乐的事情,当她看到别人都陆陆续续拿到幸福糖果后,她也在家里等着自己的快乐到来……

可是她等了好久好久,那代表幸福的糖果还是没有到来,一直到那家人的喜事办完为止,她也没看到幸福的糖果……

后来,她知道了原因,对那些村民说:"其实,人有时候吃的并不一定是那样东西本身,而是在吃它后面所看不见的东西——那就是人与人之间的感情!不管那颗糖果有多么不好,不管它有多么廉价,我还是想收到那样的糖果,就是一颗也足以让我感到快乐！因为我所感受到的不仅仅是一颗糖果的甜，我还看到了它背后所包含的将快乐和所有人分享——这才是最重要的！"

读故事悟道理

　　分享是一种博爱的心境，学会分享，就学会了生活；分享是一种思想的深度，懂得了分享，就懂得了人生的价值；分享是一种生活的信念，明白了分享的同时，明白了存在的意义。分享快乐，没有贵贱之分，予人快乐就是给自己快乐。人与人之间需要这样的感情，与朋友、亲人、同学分享每一次的快乐，都能将这快乐无限放大。

培养完美女孩指南

　　对于一些独生女来说，家里的好吃的、好玩的都是她一个人的，她似乎不需要与家人分享什么。如果父母不教女儿学会分享，她的独享意识就会不断增强，她就会习惯自己独占一切，这势必会影响到她的人际交往以及未来的家庭和事业。所以，父母需要在生活中给予女儿引导和教育，从而培养她的分享意识。

　　其实，分享并不是一种失去，而是一种获得。因为一个懂得分享的女孩自然会获得快乐和友谊，会吸引更多的朋友，会受到他们的欢迎、喜爱和帮助。因此，父母要教女儿学会分享，并让她慷慨地与人分享，做一个乐于分享的人。那么，在具体的培养过程中，父母应该怎样做呢？

1. 要为女儿营造分享的氛围

　　父母总希望把好吃的、好喝的、好玩的、好穿的都给女儿，殊不知这样很容易让女儿变得自私、爱独享。所以，父母应该给女儿营造分享的氛围，让她学会与大家一起分享。

2. 要让女儿体会到分享的快乐

　　父母要想让女儿从心理上接受分享，就要让她体会分享所带来的那份快乐。对于女儿的每一个慷慨举动，父母都要及时给予肯定和鼓励，这样不仅会让她获得快乐，而且能巩固、强化她的分享行为。

当女儿体会到分享带来的快乐和满足,看到分享给对方带来的愉悦时,她就能更好地理解分享的真正含义,从而更加乐意与人分享。

3. 当女儿不愿意分享时,父母要注意引导

当女儿不愿意与人分享的时候,父母不要因为她的"小气"而斥责她,或者是强迫她把自己喜欢的东西分享给他人,否则只会让她产生不满、怨恨的情绪。

通常情况下,女儿即便不愿意与他人分享自己的东西,也希望能够分享到他人的东西。父母可以利用女儿的这一心理,通过移情训练法,慢慢引导女儿与他人分享自己的东西。如果女儿实在是不愿意与人分享,父母不妨耐心等一等,给她一个成长的时间和空间。

38

懂礼貌的勤勤人人夸

见过勤勤的人都夸她气质好、彬彬有礼、落落大方,这是她从小到大逐步养成的。在早期教育当中,勤勤的父母对她除了开发智力、增加灵气、培养能力之外,也同步进行着文明行为的训练。勤勤父母的目标是不仅仅要培养出一个聪明的孩子,也要培养出一个文明的孩子。

从勤勤学会说话、能够听懂一些简单的提示和要求开始,勤勤的父母就有意识地在各种场合下告诉她应该怎样做。比如早晨离开家时,要和家里人说"再见",到了托儿所要问"阿姨好"、"小朋友好"等。勤勤是坐单位的班车长大的,在班车上,管理员还教她学会区分辈分。当她准确地称呼"爷爷"、"奶奶"、"叔叔"、"阿姨"时,那稚声稚气的样子着实惹人喜爱。

记得有一次,勤勤妈妈到幼儿园去接她,临走时没有见到她们班的于阿姨,勤勤还特意跑到游艺室与于阿姨说声"再见"后,才高高兴兴地走了。

勤勤的父母很注意对勤勤进行爱护公物等社会公德方面的教育。勤勤小时候非常喜欢花,一到公园就拉着爸爸妈妈给她采几朵。勤勤的父母就告诉她,公园里的花是叔叔阿姨精心栽培给大家看的,是不准采的,如果大家都采,公园里就没有花了,那就谁也看不到了。

在街上,吃剩的果皮和冰棍杆,勤勤父母都让勤勤送到垃圾箱里,从不随意往地上乱扔。乘公共汽车,当别人给她让座时,勤勤总要说声"谢谢"。每当看到环卫工人或园艺工人顶着烈日清扫街路、美化环境时,勤勤父母都要赞扬他们对城市对社会的贡献,告诉勤勤要尊重他们的劳动……

读故事悟道理

懂礼貌是一个人素养的自然表现,也是人际交往应共同遵守的规则。父母教育孩子不仅是要培养一个聪明的孩子,也是要培养一个讲文明、懂礼貌的孩子。因此,父母应该培养孩子讲文明、懂礼貌的礼仪习惯,教给孩子一些建立良好人际关系的知识。培养孩子的文明礼仪习惯,既是父母的责任,也是父母对社会承担的一种义务。

培养完美女孩指南

要培养孩子文明礼貌的习惯,父母要从一点一滴做起。具体可以从以下几个方面入手。

1. 要为女儿树立榜样

父母是孩子的榜样,父母的言传身教是对孩子最生动、最有效的教育。一对好父母是一所优秀的学校。父母要注意提高自身的修养,使用文明的语言,家人之间多使用礼貌用语,让孩子在良好的环境中养成文明礼貌的习惯。

2. 要引导而不是强迫女儿学礼仪

一般情况下,女孩小时候多是乖巧可爱、懂礼貌的,但是,当她们有了自己的思想观念之后,有的女孩就会把一些基本的礼仪抛于脑后,变得我行我素。究其原因,是因为孩子小时候是在父母的强迫教育下学会礼仪的,并没有从内心真正接受。

事实上,真正的礼仪教育应当如"润物细无声"一般,浸润女孩的内心深处。因此,父母不要强迫女儿行为必须符合礼仪,而是引导她去感悟礼仪所带来的美好感觉,让她发自内心地在交往与处世中注意礼仪,从而形成一种持久的气质。

3. 要教女儿明白与人交往需懂"礼"

父母要想让女儿学会礼仪,还需要让她在与人交往中得到历练。在历练的过程中,要及时给予女儿适当的引导。

父母可以多带女儿去做客,让她懂得并掌握做客的礼仪,比如要有礼貌,大方地与人交谈,不要随便乱动他人的东西,未经他人允许不得进入他人的房间,吃饭的时候要注意用餐礼仪等。

如果父母发现女儿在与人交往的过程中有什么做得不妥,要在私下与她沟通,让她知道自己哪里做得不到位,应该如何改进。这些与人交往的历练,将会让女儿亲身体会到良好的个人礼仪所带来的好处。

4. 要及时纠正女儿的不礼貌行为

当孩子打断别人谈话时,父母要先心平气和地告诉孩子,打断别人的谈话是没有礼貌的行为。父母要谨守原则,千万别在孩子插嘴时回应她的要求,否则她会不断重复这种行为。在谈话告一段落后,父母要主动问孩子:"你想做什么?我现在可以来帮你。"让孩子明白,这时候才能听她说话和满足她的需要。

39

善于交际的婧婧

　　婧婧是个天真活泼的孩子,特别喜欢和别人交朋友,不管父母把她带到哪儿,她都能很快地找到新朋友,并且很快地和新朋友相处得很融洽。这让她的父母很欣慰。

　　这天,妈妈领婧婧到体育场去玩,她很快就发现旁边也有一个女孩在与妈妈玩耍,于是马上跟那个孩子打了个招呼。那个女孩非常羞怯,躲在了妈妈背后。婧婧跟那个女孩说:"你知道吗?我昨天来这里的时候,看到了一个非常漂亮的小星星,你想看吗?"

　　那个女孩非常好奇,就探出了小脑袋,可是仍然不敢和婧婧接近,那位妈妈也充满怀疑地看着婧婧。婧婧又发出了邀请,那个女孩还是不敢出来,她的妈妈鼓励她与婧婧玩。可是,她却死死抓住妈妈的裤子不松手。

　　婧婧一见如此,就去找别的孩子了。不一会儿,她和几个孩子玩在了一起,就好像大家已经是老朋友了。临走时,婧婧还记下了他们的姓名、学校和联系地址。看到婧婧和她的新朋友们玩得那么开心,那个躲在妈妈身后的孩子伤心地哭了起来。

读故事悟道理

　　女孩子非常容易害羞,这主要是由于受到一些世俗的暗示或者遭遇自尊心的创伤所引起的。所以,在女孩的青春期,父母要注意到曾经活泼可爱的女儿开始变得沉默羞怯的情况。这时候的女孩更加敏感,父母要特别注意保护女孩,防止她被消极的情绪打败,鼓励她克服自卑。

培养完美女孩指南

父母要想克服女儿的羞怯心理,必须要有耐心,让女儿慢慢地改变。具体来说,可以参照以下方法帮助女儿克服羞怯心理。

1. 要给女儿一个温暖的家

家和学校是孩子健康成长的两个重要环境。如果家庭环境不好,学校氛围很差,使本就敏感的女孩受到伤害,那么她就可能形成羞怯自卑的症结。平等、理解、温馨的家庭环境能给孩子更多勇气和自信。同时,当孩子从学校里或其他场所受到伤害时,父母应该是她的第一个疗伤医生,在第一时间内把孩子从困境中拉出来,以免孩子的情况越来越糟。

2. 要给女儿积极的暗示

有些女孩只是比较含蓄内敛,但经过父母在别人面前不断重复"这孩子太害羞"的评价后,再加上亲戚朋友的不断议论,她就可能真的变得害羞起来。因此,父母一定要注意,不要在言行上给孩子消极的暗示。

3. 要多给女儿以抚慰

很小的孩子在母亲的怀抱中有一种温暖、安全的感觉。无论这时孩子是否能听懂大人的语言,父母都要多与孩子进行语言、目光、情感的交流。当女孩慢慢长大以后,她仍然需要父母的抚慰与拥抱。有心理学家曾这样说过:"成人每天要有四个深情的拥抱,孩子每天要有20个拥抱才能达到心理平衡。"

4. 在孩子面前不要滥用家长权威,尤其是对容易羞怯的女孩

很多女孩表现得非常没有主见,这主要是因为家长从没有征求和尊重过孩子的意见,这样的孩子经常受到压抑,自然会很害羞。在家庭中,家长对孩子也要多用些民主型的语言,如"你认为怎样""这样行吗",让孩子觉得在家庭中人人平等,这有利于克服孩子的自卑情绪。

5. 要多给女儿以鼓励

别人的肯定和表扬是所有女孩都渴望得到的礼物,胆怯害羞的女孩对此的需求就更强烈,她们需要借助这些来建立自信。

对于羞怯的女孩来说,她们本身就很容易自责,缺乏勇气,在做某件事之前,

总是觉得自己不行。如果这时给她一些鼓励,增加她的勇气,她多半会把事情办得很好。

总之,父母要努力让女儿变得越来越自信,孩子的自信心越强,越能克服羞怯的心理。因此,父母一定创设各种条件,让孩子更多地看到自己成功,让孩子变得越来越自信,从而大胆地进行人际交往。

40

一节手工课

这是一节手工课,同学们要进行缝沙包比赛。贝贝和豆豆分到了一组,她们拿到材料之后,就各自动手缝起来。贝贝和豆豆都是聪明灵巧的小女孩,她们很早就学会了缝补,因此她们对这次比赛充满了信心。

她们低头忙碌着,过了一会儿,贝贝和豆豆就先后完成了几个布片的缝缀,就在她们准备完成最后的工序时,却发现她们的沙包布片都缝成了一个方向。沙包本来是六块布片,四块布片连成一块,上下放两块就能成形了,可是贝贝和豆豆却分别把三个布片连缀到一起,这样她们就无法做成沙包了。没有办法,她们只好重新拆掉,这时候,贝贝发现有的小朋友已经快完成任务了,她就非常生气地对豆豆说:"都怨你,本来我的缝补是最出色的,都因为和你一组,才变成了最慢的。"

豆豆毫不示弱,她反唇相讥:"我的手工也是最棒的,都是因为你,自以为是,也不看看我已经缝了三片,还要在那里缝。"

就在贝贝和豆豆两人闹别扭时,已经有小朋友完成任务了。贝贝更急了,可是她发现自己拆完了,而豆豆居然也把三块布片拆完了,这样等于她们前面的工作全部报废。豆豆也发现了贝贝拆掉了全部的三块布片,她大声喊起来:"贝贝,你是不是怕我得第一啊,你没看到我已经拆了,你还在那里拆。"

这时候,老师走了过来,对她们说:"如果你们两个不能合作,这项工作就永远也不能完成。"

读故事悟道理

英国一位大文豪曾作过这样一个著名的比喻:"倘若你有一个苹果,我也有一个苹果,而我们彼此交换这些苹果,那么,你和我仍各有一个苹果。但是,倘若你有一种思想，我也有一种思想，我们彼此交流这些思想，那么，每个人将各有两种思想。"是的，合作本来就是要做加法。如果大家用他的这句话的精髓来理解合作，那么就会发现，善于合作的人总是能够借助别人的力量，完成超越自己能力的事情，而不善于合作的人就是在做减法，用别人的力量来削减自己的力量。

培养完美女孩指南

自私、狭隘、忌妒，这些缺陷轻者令孩子终其一生即使成功也无快乐可言，重者则导致孩子的人格扭曲。培养孩子的合作精神，可以把这些性格缺陷降到最低限度。但有不少家长时刻感觉到社会竞争的激烈，便迫不及待把这种紧迫感传达给孩子，要孩子从小就处处争第一、抢先机，在这种培养方式下，孩子逐渐变得心胸狭隘、自私，无法与人合作，提防心重，忌妒心强，容不得别人的成功和快乐。要知道"独木难成林"，现代社会在要求人们进行激烈竞争的同时，又需要人们进行广泛的、多方面的合作。21世纪是一个合作的世纪，合作已成为人类生存的手段。因为科学知识向纵深方向发展，社会分工越来越精细，人们不可能再成为百科全书式的人物，每个人都要借助他人的智慧完成自己人生的超越。于是，这个世界充满了竞争与挑战，也充满了合作与快乐。所以，父母在积极教导女儿学好各种本领、掌握多种能力的同时，也要特别注意培养女儿的团队合作精神，引导女儿去积极合作与竞争。那么，父母该如何培养女儿的合作精神呢？

1. 要让女儿学会悦纳别人

所谓悦纳别人就是接受别人，但一定是自己从内心深处真正地愿意接受别人，而不是表面上的敷衍。从实质上来讲，合作是双方长处的珠联璧合，也是双方相处的相互遏制。只有双方相互认识到了对方的长处，并且欣赏对方的长处，合作才有了真正的动力和基础。因此，家长要教育女儿多看并善于发现别人的长处，并诚心诚意地加以赞美。

2. 要培养女儿对人对事的洞察力

建立合作关系的重要一环是寻找并确定合作伙伴。找到有诚意、志同道合的合作伙伴，可以说是合作成功的一半。孩童世界中尚无多少涉及根本利益的合作行为,有的无非是一块游戏玩耍之类的事。事虽小,然而选择恰当的合作伙伴、捕捉正确的合作时机同样事关合作的成败。因此,孩子在一定的情境中对人的观察和分析便显得十分重要。

3. 要让女儿多参加有利于产生合作关系的活动

没有合作的氛围,难以形成合作的习惯。家长可以让女儿从小玩一些诸如共同搭积木、拼图等需要协作的活动,还要鼓励女儿参与如足球、篮球、排球、跳绳等体育活动。这些活动既有团体之间的对抗与竞争,又有团体内部的协调与合作,更有利于培养参与者的合作精神。

4. 要让女儿在游戏中学会合作

游戏是培养孩子合作能力非常有效的活动,在游戏中孩子可逐步摆脱"以自我为中心"。不少游戏是集体进行的,许多孩子分成几组,按照规则以小组为单位争胜负。这时,同一小组的孩子需要齐心协力、共同合作才能取胜。如果孩子自以为是,不顾别人,其他孩子就不愿意再与她一起玩,她就会感受到不能合作的滋味,从而想方设法与他人去合作。

5. 要让女儿学会分享

会分享的孩子大多能够与别人和睦相处,这对合作非常有利。假如孩子凡事都自私自利,斤斤计较,那么她就难以与别人友好相处,更谈不上进行有关的合作活动了。因此,家长有必要让女儿表现出一定的慷慨大方,更多地体会到分享的快乐。

6. 要让女儿体验合作的乐趣

成功的合作可以让孩子产生良好的体验,这种体验能够带给孩子无穷的乐趣,进而促进孩子的合作意识和合作行为。如大家都熟悉的拔河竞赛,就能让孩子们尽力通过合作去战胜对方。如果孩子一时没有取胜,父母也不要责怪孩子,而要让孩子明白,成功的合作不一定要达到现实的目标。虽然有些合作的结果是失败的,但是在合作过程中,参与者都尽了自己的努力,同时每个参与者都感到非常愉悦,这就是一种成功的合作。

7. 要让女儿了解一些合作的规则与技巧

父母要常给女儿传达这样一种思想:任何一个人都有他的长处,要学会真诚地欣赏别人。人无完人,三人行必有我师,切不可因为别人有这个缺点或那个毛病就嫌弃他、疏远他。要教育女儿善于发现别人的长处,并真诚地加以肯定与赞美,教女儿学会关心他人,学会善解人意。任何个人对他人的关心都是形成其合作能力的前提,而合作能力是市场经济条件下生存与竞争能力的重要体现。

如果一个孩子没有学会合作之道,他必定会走向孤僻之途,并产生严重的自卑情绪,影响一生的发展。孩子总不能跟父母一辈子,只有让孩子逐步适应外界环境,学会与同伴的交往合作,他才能更加健康、快乐地成长。

第六章
学习——努力上进的女孩最优秀

兴趣是孩子学习知识的原动力,激发孩子的学习兴趣,能够令孩子的学习从自发走向自觉。然而,在日常生活中,有些孩子对学习没有恒心,不是虎头蛇尾,就是半途而废。学习是一个漫长的过程,不可能一蹴而就,其中必然要经历诸多挫折,遭遇诸多困难。因此,父母一定要重视起来,要有技巧地培养女儿的学习兴趣,让女儿变得努力上进、持之以恒。

41

勤奋刻苦的玛丽

一百多年前,在波兰华沙的一所小学里,有一个叫玛丽的女孩。

有一次,吃过饭后,姐妹们都在一边做游戏,而小玛丽拿了一本书坐在书桌旁看了起来。姐妹们打闹的嬉笑声太大了,她就用两个手指塞住耳朵,还在专心地看书。小伙伴们有时逗她,她连眼皮也不抬一下。

这时,小玛丽的表姐来了,看见小玛丽专心的样子,不禁觉得好笑,就想捉弄一下她。于是,她们搬来几把椅子,在小玛丽身后堆成了一个塔状,然后悄悄躲在一边,准备看小玛丽的笑话。谁知小玛丽沉浸于书本里,半个小时过去了,竟没有察觉。

正当小伙伴们等得不耐烦时,小玛丽读完了一本书,准备再换另一本,她刚一抬头,只听得"哗"的一声,椅子全倒了下来,碰到了小玛丽的肩膀。姐妹们大笑着四处跑开,她们以为小玛丽要追赶着打闹起来,谁知跑出了一段距离后,却发现没有一个人被小玛丽追赶。她们感觉奇怪,难道小玛丽被碰得起不来了?大家扭头回来想看个究竟。让姐妹们吃惊的是,小玛丽换了一本书又坐在原来那个位置看了起来,好像没有发生过任何事情一样。大家面面相觑,不得不佩服小玛丽读书的劲头了。

玛丽中学毕业后,当了家庭教师,她又渴望继续上大学。然而,波兰大学当时是不收女生的。她梦想能去巴黎学习物理和化学,她姐姐希望到巴黎学医。于是,姐妹俩开始一点一点地积攒去巴黎求学的费用。后来,姐姐先到巴黎,玛丽留在波兰挣钱供姐姐上学。

五年后,姐姐获得了博士学位。玛丽来到巴黎索邦大学求学,她穿着破旧的衣服,住在简陋的小屋里,饿了经常用面包和茶水填饱肚子。在大学期间,玛丽像块贪婪的海绵,拼命地吸吮知识的乳汁。图书馆是玛丽经常去的地方,有一次她忘记了吃饭,竟然饿得晕倒在图书馆里。几乎每天晚上,她都要在图书馆看书,直到闭馆的时间才回家。回到寝室,她在油灯下一直看书到凌晨一两点。

冬季,玛丽躺在床上休息的时候常常被冻醒,她只得爬起来,把自己所有的衣服都穿在身上再重新躺下。艰苦的生活,刻苦的学习,一度弄得玛丽容颜憔悴。就这样,在索邦大学的学位考试中,玛丽以优异的成绩获得了物理学硕士第一名。

此后,玛丽仍旧孜孜以求,从不倦怠。1898年起,她与丈夫皮埃尔·居里共同发现了镭和钋两种放射性元素,1910年,她又提炼出金属镭,从而两次获得诺贝尔奖。

读故事悟道理

一位大发明家曾说过:"天才,就是百分之一的灵感加上百分之九十九的汗水。"没有这百分之九十九的辛勤汗水,任何人都不会成为真正的天才。勤奋是成才的关键因素,不但是获得知识的重要途径,也是通往成功的阶梯。

培养完美女孩指南

一个人要想从平庸变得出类拔萃,就需要付出艰辛的努力。凡事总想不劳而获的人,永远是个失败者。就学习而言,最有效的"捷径"是勤奋、刻苦。这"捷径"虽笨且难,但的确是最有效的捷径。勤奋刻苦不仅包括善于利用时间去勤阅读、勤练习,而且包括勤动脑、勤思考。孩子只有从小养成勤奋学习的习惯,才会拥有一个更加光明、灿烂的未来。因此,家长应从小培养女儿勤奋学习的好习惯,具体可从以下几点抓起。

1. 要培养女儿的耐心

有些孩子学习没有耐心,做一会儿作业就想出去玩了或背一会儿书就想着其他的事情,对于这样的孩子,家长可让她较长时间地做某一件事,以此锻炼孩子的耐力,培养孩子的耐心。

2. 要教女儿勤学又勤思

如果孩子勤学而不勤思,就会迷惑不解而无所得,只思考而不勤学,也同样会一无所获。因此,在学习中不但要勤,还要善于思考和总结经验,学会用正确的方法学习和思考。

3. 要引导女儿既苦学又巧学

人们提倡孩子勤奋学习,并不是说让孩子拼命学、埋头死学。做任何事情都讲究一个"巧",学习也一样,需要掌握正确的学习方法,这才是更加高效的勤奋刻苦。

4. 要教女儿既苦学又乐学

只有读书谈到心里去了,只有产生兴趣,孩子才会自觉自愿地学习,才会兴趣盎然地学习,才会真正体悟到那种苦中有乐、乐在其中的求知乐趣,才能真正学到更多的知识。

5. 要教育女儿有责任感

父母应让孩子明白,学习是孩子自己的事。家长最好让孩子对自己什么时间该干什么事都有一个明确的目标,教育孩子当天的事当天完成,不要留到第二天。

6. 要让女儿学会珍惜时间

父母可同女儿商定一个时间表,何时起床,何时上学,何时放学回家,何时休息、睡觉,复习功课用多长时间等,都应全面考虑,合理安排,使孩子学习时井井有条,忙而不乱。同时要教育孩子认真遵守时间表,并持之以恒。

父母为女儿安排学习时间时应有张有弛,注意劳逸结合,根据孩子的年龄特点安排玩耍的时间,有利于孩子的身心健康发展。

42

乐在读书中的李清照

宋代女词人李清照十分爱读书,常常因得到一本好书而不食不眠。她从不像其他的女儿家对胭脂水粉兴趣浓厚,反倒痴迷于读书。所以,平时李清照出门逛街的时候,很少买针线首饰之类的东西,最爱去的地方便是书市。

有一年,李清照的姨母给她做了一件新裙衫,让她在外出踏青时节穿。恰逢连着几天天气一直都不错,一个人在家闷得太久,李清照也觉得应该出去活动一下,于是穿着姨母赠送的新衣出门了。景色固然是好,可是李清照改变不了自己的爱好,她信步来到书市,在一个又一个的摊位前仔细翻看着,希望找到自己中意的书。有趣的书果真不少,可是有鉴赏经验的李清照知道,那大多是赝品或是近几年的物品,货真价实的珍品还是不易被发现。

她就这样以赏玩的心思慢慢游逛,走到了一个不被人注意的小角落。那里有一位须发皆白的老者,守着一个小摊,上面放着一摞书。老者看起来风度翩翩,并不像普通的商贩,更奇怪的是,他并不招揽顾客,好像并不希望自己的书卖出去似的。李清照觉得奇怪,便走过去想和老者说几句话。可是她突然被地上的书吸引住了,书皮上以篆字写着《古金石考》。她不禁大吃一惊,这就是她梦寐以求的古书,这部书流落民间几乎失传,她找过好多人帮着购买,结果都没有买到。当时李清照抑制不住自己的惊喜,拿起一本便翻看起来。

过了很久,李清照仍在忘我地读着《古金石考》。突然,她想起这是人家要卖的书,于是手里紧握着书,急切地问:"老伯,您这套书可是要卖的?"老者点点头:"是啊,这是家传的一部古书,按理讲是绝不能卖的。但时运不济,家遭变故,只好忍痛将这部书拿来卖啊!"老人说着,显出一种舍不得的神情,顿了一下接着说:"所以,我就在这儿等着,只想等个懂它的人,给它一个好归宿!姑娘,看得出你是个识货的人！你要能买了它去,也算了了我的一桩心事。"

李清照微笑着问老人:"老伯,您需要多少钱来应急?"老者说:"唉,应急至少也得30两银子吧。只要能好好地保存它,就是少点也没什么。"

没等老者把话说完,李清照就把自己随身带的钱全部掏出来,一数也不过约10两银子。李清照显得有些着急,对老者说:"老伯,我今天出门仓促,没带那么多现钱,明日如果您来,我一定带足银两来拿书。"老者为难地说:"姑娘,不是我不答应你,我和家人已经说好,今天日落前无论这书卖不卖得出去,都要和家人一起出城回家。"

李清照一听,急忙抬头望天,这时已近日暮,就算雇车回家拿钱也未必能赶上。她想来想去不知道怎么办,正在这时,她不自觉地握了一下衣角。这一握让李清照有了办法,她立即对老人说:"老伯,您再等我一会儿,一会儿我一定回来买书!"然后她转身就跑,留下不知所措的老人站在那里。

半个时辰后,老者见李清照只穿一件内衬的单衣哆哆嗦嗦地跑回来,手里拿着银两。原来,她把自己的新衣典当了,换了20两银子,连同原来的10两银子,一并交到老人手中。老者看到一个年轻女子竟然为了一套书不惜当街只穿着单衣薄衫,不禁感动不已,直叹终于为书找到了一个好主人。

后来,李清照成为我国文学史上第一女词人,这与她对知识的热爱、对书的痴迷是分不开的。正是因为痴迷,她才可以有所放弃,即使是姨母赠送的新衣服也可以典当出去。

读故事悟道理

一个人如果在心里喜欢学问,可能会有所收获,但不一定会觉得做学问是一件令人高兴的事,那么这种喜好的收获多半不深刻。要好好做学问,最好的办法是以之为乐,乐在学中。一个人只有痴迷于学,他的学识才会内化到他的行动之中,在学习生活中才会真正感到高兴、快乐,才会觉得学习有意义。

培养完美女孩指南

要想让女孩把学习变成主动的行为,父母得想办法把她的学习兴趣激发出来。

那么,父母面对对学习没有兴趣的女儿时,怎能让她自动自发地去学习呢?

1. 要善于利用女儿的爱好激发她的求知欲

很多女孩都有自己的爱好,只要父母善于利用好女儿的爱好,就能挖掘出她的求知欲。求知欲是打开学习大门的一把钥匙,只有让女儿的心中充满疑问和好奇,她才能有学习的兴趣,才能把学习变成一种自动自发的行为。

2. 要让女儿结交一些爱学习的好朋友

其实,女孩对学习有没有兴趣,能不能自动自发地去学习,跟她平时结交的朋友有很大关系。正所谓"近朱者赤,近墨者黑"。

如果女孩身边的朋友都以学习为重,对学习充满兴趣,平时讨论的话题也以学习为主,那么女孩自然就会对学习上心了。但如果围绕在她身边的人都是些不爱学习,只爱穿漂亮衣服、爱打扮或有其他不良嗜好的朋友,那女孩就会变得爱慕虚荣,甚至讨厌学习。

因此,父母在女儿平时择友的时候一定要留心,提醒她多结交品学兼优的好孩子,远离那些把学习当儿戏、品行上有问题的孩子。

3. 要让女儿感受学习的快乐

如果女孩能在学习中感受到快乐,就能更好地激发出对学习的兴趣,并养成自发学习的好习惯。怎样才能让女孩感受到学习是一件快乐的事情呢?

(1)父母不能把学习当成惩罚女儿的手段。有些人总是喜欢用学习来惩罚做错事的女孩,比如她把一道数学题做错了,就让她把这道题写10遍。这样的事情屡见不鲜,严重地打击了女孩对学习的兴趣,让她感受不到任何学习的快乐。

(2)父母要对女儿的兴趣加以引导。比如,可以先从有趣的课外书入手,让她爱上看书;可以在家里做一个科学小实验,让她对物理、化学等自然科学产生探索的兴趣;还可以举办家庭诗歌朗诵会,让她爱上那些美丽的诗篇……

(3)父母要用表扬和鼓励给女儿增加学习的动力。恰当、适时的表扬和鼓励是让女孩进步的法宝,如果利用好它们,父母就能让她在学习中获得成就感,找到更多的快乐,并把学习变成一件自觉的事情。

4. 培养女儿的学习兴趣要循序渐进

父母要激发女儿的学习兴趣,让她自动自发地去学习,并不是一朝一夕就能实现的。所以，父母不能急躁，更不能没有耐心，要循序渐进，每天都做一些有利于孩子学习的事情，比如，每天安排固定的时间来陪女孩看书，也可以每天都和她一起听英文歌曲、背英语单词，还可以每天和她一起背诵几首古诗词……这样才能更好地让她养成良好的学习习惯，从而自主地去学习。

5. 可以让女儿在游戏中学习

如果能够让孩子尽情地游戏，很可能会让孩子在游戏中学习，让孩子慢慢地把对游戏的兴趣转移到学习上去。当然，父母也不能让孩子玩"疯"了，可以让孩子在游戏的同时学习，做到游戏和学习相结合，这样会让孩子对学习产生更多兴趣。

6. 让女儿在努力中不断体验成功

俗话说："失败是成功之母。"孩子承受失败的能力较低，多次失败会使孩子对学习失去兴趣和信心。因此，对孩子的点滴进步和成功，父母都应给予适当的表扬和鼓励，哪怕是一句"今天很不错"的话。孩子体验到的成功越多，兴趣就会越浓厚，周而复始，孩子自然就能天天向上了。

7. 要教女儿学以致用

父母要鼓励孩子将所学知识运用于实际生活中，解决实际问题。孩子运用所学知识解决问题的过程不仅是加深记忆的过程，也是体验知识价值的过程。父母还可以让孩子多参加丰富多彩的课外活动，比如孩子对数学没有兴趣，就鼓励孩子参加数学兴趣小组，多做数学趣味题，这样能更好地激发孩子学习数学的兴趣。

43

学习不能好高骛远

一次期末考试结束后,家里收到了小米的期末成绩单:全班31人,她排在第20名。一连几天,小米都很失落,一句话也不说,躲在自己房间里偷偷地哭。看着小米沮丧的样子,妈妈宽慰道:"没关系,分数高低很平常,一次考砸说明不了什么。"

初中三年,小米一直是老师眼里的好学生,每次考试都在全年级名列前茅,就连亲朋好友见面也会夸小米两句。中考时,小米本来可以上一所市里二类学校的重点班,继续当好学生,基于各种各样的原因和小米的意愿,爸爸妈妈给她选择了一所重点中学。开学前,妈妈一次次地帮小米分析可能遇到的各种困难和压力,希望增强她的承受力,毕竟以前她走得太顺了。即便这样,小米还是承受了所能想象到的更多压力,有时老师一句轻轻的责备、同学说几句玩笑话,都会刺激到她敏感的神经。她的前后左右都是好学生,前面的女孩是班里第一名,就连她的同桌也是班里前几名。

小米灰心地对妈妈说:"妈妈,我完了!我追不上别人,可能我真的太笨了。"

这次考得不好,小米竟然有如此大的反应,可见她不仅把名次看得很重,而且已经成了心理上的负担。如果放不下这个心理包袱,她一定会在高中阶段负重。看到小米失落的样子,妈妈越想越觉得问题很严重,决定和她谈一谈,设法帮她解开这个心结。

吃完晚饭,妈妈问小米:"你参加过赛跑吗?"

"参加过,还不止一次呢。"小米莫名其妙地看着妈妈。

"那么,告诉我,你往前跑的时候,是盯着你面前的人呢,还是盯着远远在前的第一名呢?"

"当然是面前的人了,看远处根本没用。"小米回答。

妈妈说:"对呀!学习也一样,好高骛远地盯着第一名,除了让你越来越失望之外,还有可能因为盲目而跑得更慢。而你前面的那个人和你的距离没有多大,那才是你的目标。跟住他,一个一个稳步赶上,一个个超越,才是你要做的。"

听了妈妈的分析,小米有点儿明白了。她点点头,说:"妈妈,你说得对!以前我当第一名时,就有你说的领跑者的感觉,不但自己要努力学习,每次考试前还总顾虑着谁会超过自己,真的很累!"

听着小米的自我剖析,妈妈说:"你能认识到这一点就好,所以一定要看淡名次。落后于人并不一定是坏事,这样反而让你有了追求的目标。其实,学习的过程就好比是一场赛跑比赛,每个人都是比赛中的运动员,每次考试都是比赛的一个过程。在这个过程中,得不得第一名并不重要,重要的是坚持下去,把一米一米的赛程跑到自己身后,等到考试最后冲刺的关口,再爆发出自己全部的力量,奋力一搏!"说着,妈妈把手高高地举起向前一挥。

小米被妈妈的气势感染了,说:"妈妈,我明白了,今后我再也不会为名次所累了。我要卸下包袱,静下心来学习,稳稳地做好最后的冲刺!"

读故事悟道理

循序渐进的规律就是指求知要由易到难、由近及远、由此及彼、由表及里、由低级到高级、由简单到复杂、由具体到抽象。正如一位大教育家所说:"读书之法,在循序而渐进,熟读而深思。"学习是一个循序渐进的过程,知识的逐步积累很重要。即使是再聪明的孩子,若想一下子达到目标,那也是不大可能的。其实,只要每天都在努力,就算是进了一大步,这就是渐进。长此以往,孩子便会在循序渐进中不断进步。很多成功人士取得成功的秘诀,就是他们很好地遵循了循序渐进这个规律。

培养完美女孩指南

低的目标容易实现,人的勇气不容易受到挫伤,相反会培养起更大的兴趣和热情,长此以往,循序渐进,自然会获得更多、走得更稳。由此可见,学习切不可急于求成,更不能耍小聪明,只有根据知识的内在逻辑程序,由浅入深、循序渐进地学习,才能真正学到知识。那么,父母具体应该怎样培养女儿循序渐进的学习习惯呢?

1. 要教导女儿打好基础

打好扎实的基础是不容忽视的,父母要教导女儿切忌好高骛远。这正如古人所说:"九层之台,起于垒土;千里之行,始于足下。"

2. 要注意女儿学习的阶段性

孩子学习时,父母要考虑孩子的接受能力,不宜求之过急,贪多容易嚼不烂,而要注意学习的阶段性。在一定时候学一定内容,不能错过学习良机,又不能勉强"超前",脱离智力发展的可能性。这样才能摆脱"欲速则不达"的弊病,逐渐而牢固地将一点一滴的收获积累成知识的长河。

3. 要让女儿设定一个"次目标"

父母可以告诉女儿,为了要达到"主目标",可以先设定一个"次目标",这样会比较容易完成"主目标"。否则,孩子很有可能因为目标过于远大或理想太过崇高而放弃,这是很可惜的。设定了一个"次目标",便可以较为轻松地获得令人满意的成绩,减轻心理上的压力,那么"主目标"总有一天也能达到。

虽然循序渐进看起来进步不显著、成果不明显,但这种进步是一步一个脚印的进步,最终必然能收获更大的进步。

44

奥运冠军邓亚萍的学习计划

邓亚萍是乒乓球历史上一位著名的选手,先后获得过十几次世界冠军;在世界乒坛连续八年排名第一,是第一位蝉联奥运会乒乓球金牌的运动员。

1996年亚特兰大奥运会结束后,邓亚萍开始设计自己退役之后的人生。同年底,邓亚萍被奥委会时任主席萨马兰奇提名为国际奥委会运动委员会委员。对邓亚萍来说,这既是国际奥委会的重用和信任,也是一次严峻的挑战。奥委会的办公语言是英语和法语,然而邓亚萍当时的英语基础几乎是零,法语也是一窍不通。

面对如此重要的工作岗位和自己外语水平的反差,邓亚萍心急如焚。1997年,她怀着兴奋而又忐忑的心情迈进了清华大学。刚入校的时候,老师为了给她安排教学计划和方案,想看看邓亚萍的英语水平到底如何,就让她写出26个英文字母。

在测试中,邓亚萍费了不少心思,总算把26个英文字母写了出来。她看着字母大写小写参差不齐的答卷,自己都有些不好意思了,便对老师说:"我的英语水平也就这个样子了。但请老师放心,我一定努力!"

当时,邓亚萍的英语水平几乎是一张白纸,既没有英文的底子,更别说有口语交流能力了。上课时,老师讲的内容对她来说就像听天书,她只能尽力一字不漏地听着、记着,回到宿舍再一点点地消化。

为了尽快弥补自己的差距,邓亚萍给自己制订了学习计划:一切从零开始,坚持"三个第一"——从课本第一页学起,从第一个字母读起,从第一个单词背起;每天必须保证14个小时的学习时间,每天5点准时起床,读音标、背单词、练听力,直到正式上课;晚上整理讲义,温习功课,直到深夜12点。

由于全身心地投入学习,邓亚萍几乎取消了与朋友的所有聚会及一般的社会活动,就连给父母打电话的次数也大大减少了。为了提高自己的英语听力和会话能力,她除了定期去语音室之外,还买来多功能复读机。由于总是一边听磁带一边跟着读,同学们总是跟她开玩笑:"你成天读个不停,当心嘴唇磨出茧子呀!"但她相信:没有超人的付出,就不会有超人的成绩。

最终,经过日复一日的努力,邓亚萍圆满完成了学业。

读故事悟道理

俗话说:"只要工夫深,铁杆磨成针。"是的,只要能够沉下心来,舍得下工夫,遇到疑难问题总是想办法解决,那么成绩自然会名列前茅。获得知识的道路是没有捷径的,只有勤奋而不畏艰苦的人才能到达知识的神圣殿堂,沐浴智慧的光辉。还有,好的计划是成功的一半,没有计划、不做计划,则事事困难。

培养完美女孩指南

学习是一场持久战,是一场马拉松式的战斗,是从一砖一瓦开始累积起知识的高楼大厦。战争需要有整体的战略方案,同理,学习也离不开合理的计划。制订了好的计划,就相当于成功了一半。父母要想和女儿一起制订一份合理的学习计划,可以从以下几点入手。

1. 不仅要制订学习计划,更要重视效果

一般情况下,很多学生的计划总是重视学习时间,不重视学习的效果,容易导致有数量没有质量。父母可以要求女儿做学习计划时强调效果,要设定可以检验的目标,父母定期检查,这样女儿就容易摆脱读死书的怪圈。

2. 制订计划后要注意劳逸结合

女儿过长时间集中注意力,会导致学习的效果下降。所以,学习计划要留出休息时间,适当放松才能更好地保证学习的质量。在女儿放松的时候,父母可以陪她共同娱乐。即使每天只有十分钟或半个小时的放松时间,也能很好地调节情绪,给女儿带来新的学习动力。

3. 女儿完成计划，父母要给予奖励

假如女儿能够顺利完成计划，父母可以适当给予奖励。奖励的内容最好征求女儿本人的意见，可以在周末陪女儿去游乐园玩，也可以在经济条件许可的情况下给女儿买一件礼物。奖励是一种父母为女儿庆祝的方式，一定要让女儿体会到父母的欢乐。

45

海森堡的成长

海森堡小时候与同龄的孩子有点儿不一样,当小伙伴们把大量的时间花在玩耍上时,他却在埋头学习。在学习的过程中,如果有不懂的地方,他就向父亲请教,如果父亲回答不上来,他就去问舅舅。总之,在没有弄懂问题之前,他是不会放弃的。

海森堡10岁那年的一天,放学后别的孩子早已回家了,老海森堡夫妇焦急地等待儿子回家吃饭,可是左等右等也不见海森堡的影子。父母连忙到学校寻找,发现海森堡正在实验室里。他们走进实验室后,孩子仍在专心致志地观察实验结果,早就把回家吃饭的事情抛到了九霄云外。

"孩子,实验是老师让你做的吗?"老海森堡问。

"不,是我自己主动做的,我想自己亲自动手做实验,就能更好地理解书本上的知识。"海森堡说。

见儿子能主动学习,老海森堡很是高兴。为了对儿子表示支持,他不仅在精神上给予儿子鼓励,并努力在物质上为儿子创造学习理科的条件,为他购买了物理实验器材和相关教学辅导材料。

在父母的支持下,海森堡的积极性比以前更高了,他的学习成绩不断提高,后来每学期考试的成绩都名列前茅,中学毕业以后顺利地考上了慕尼黑大学。

在大学里,他主动学习的精神劲头依然没减。他在学好自己专业课的同时,还去哥廷根大学听当时的物理学权威玻恩教授的课,并主动把自己听课的心得交给了玻恩教授,并最终获得教授的认可,在毕业时受到玻恩教授的邀请,成为哥廷根大学的一名助教,后来又被破格提拔为讲师。在玻恩教授的提携和带领下,海森堡迅速成长为著名的物理学家,并最终问鼎诺贝尔物理学奖。

读故事悟道理

学习是一个漫长的过程。只有孩子自己想学,愿意主动付出努力,才有可能得到最好的结果,并最终收获成功。培养孩子自主学习的兴趣,是父母不容忽视的一件事情。自主学习应该是主动的,是孩子乐意的。当孩子愿意主动学习的时候,学习就是一种喜悦,甚至是一种享受,这样学习效果就会事半功倍。

培养完美女孩指南

有位著名教育家曾经说过:"中小学的根本任务就是培养学习的习惯。"现在很多孩子的学习主动性特别差,但是对玩电脑、看电视兴趣特别大;写作业特别拖拉,每天都要拖到很晚,没人盯着的话就不能很好地完成;还有的孩子为了贪玩会说谎,父母急了打骂孩子也没有效果。如果一个孩子没有养成良好的学习习惯,那他的学习是不可想象的,学习成绩也一定不会好。父母的重要任务之一就是使孩子建立起良好的主动学习的习惯。孩子的自主学习能力不是与生俱来的,而是通过学习逐渐形成的。父母是孩子不可替代的启蒙者,是孩子的第一任老师。父母的一言一行和一举一动,都会对孩子产生重大影响,孩子自主学习能力的提高同样也离不开父母的培养。那么,父母该如何培养女儿主动学习的能力呢?

1. 要让女儿明白主动学习的意义

很多孩子因为学习动机不明确,所以不愿意主动学习。甚至有的孩子认为老师和父母没有明确要求学习的内容,自己就可以心安理得地不去学习,要学习也只是在课堂上的40分钟,其余的时间都被浪费掉了。父母可以找一个恰当的时机对女儿说:"你的理想不是将来想当宇航员吗?可是,你现在连学习都要老师和父母督促,一点儿主动学习的精神都没有,将来又怎么能实现自己的理想呢?"当女儿明白主动学习的意义后,就有可能改变学习态度。

2. 父母既要做好模范，又要为女儿创设自主学习的环境

根据心理学家的追踪研究，孩子的个性发展与父母的教育态度和方法密切相关，孩子的心理素质是在外界环境影响下建立起来的。父母要想使女儿具有自主学习的习惯和能力，一方面要以身作则，自己要加强学习，多看书、读报，多思考问题，时时处处做孩子的表率；另一方面，父母还要为女儿创造自主学习的家庭环境，和谐的家庭环境对孩子的学习来说是很重要的。

3. 父母既要积极规范女儿的自主学习，又要努力把握女儿自主学习的效果

父母一定要把学习的自主权交给女儿，让女儿能够把学习当成乐事，在学习中寻找并获得乐趣，使女儿在学习过程中意识到学习是自己的事，自己应该怎样听课、复习和写作业，怎样思考、发言和讨论，使女儿对知识的占有欲和征服欲得以淋漓尽致的发挥。

当然，孩子提高自主学习的能力总要经过一定的途径和掌握一定的方法。在加强女儿自主学习能力的培养时，父母要十分注意规范女儿自主学习的行为并及时"纠偏"，要循序渐进地反复指导、反复训练，让女儿科学掌握自主学习的方法，从而不断提高自主学习的效率，这对她今后的课程学习、课外自学和自然社会科学知识的广泛获取都会发挥不可估量的作用。

4. 每天都要为女儿的主动学习计时

让女儿自主安排学习时间后，父母可以给她的学习时间做记录，阶段性地和她讨论，看目前的学习方式有没有可以改进的地方，拿出记录表让她自己制定改进方案，并监督实施，让她最大限度地发挥主动性。

5. 要让女儿定期汇报主动学习的收获

周末的时候，父母可以让女儿总结在主动学习的过程中有什么收获，这样可以加强她的自信心，强化她主动学习的习惯。

46

学途坎坷的塔吉娅娜

塔吉娅娜·莫斯科维娜是俄国女作家。

塔吉娅娜三岁的时候,大概是对《圣经》感兴趣了,她拿来《圣经》,母亲以为她是想玩书上的蓝丝带或书扣,可她却去翻书,母亲怕她把书撕坏就拿走了,结果她大声地哭开了。

母亲给她读《圣经》,她很感兴趣,常常问《圣经》里的故事,还让母亲教她学字母,这让母亲意识到:该让孩子上学了。

米沙宁斯卡亚村有一位已退休在家、名叫尼基蒂奇的教堂执事,妈妈带塔吉娅娜去找她,求她教塔吉娅娜。

塔吉娅娜14岁那年,得到了两本对她一生很重要的书:《斯拉夫语语法》《算术》。这两本书还有段故事哩!

在离她家不远的斯特洛夫村,住着一个叫杜金的生意人,他有文化,家里还有书。渴望读书的塔吉娅娜早就注意到他家的书了。向他借,他不肯。塔吉娅娜就打他两个儿子的主意。那两个儿子说:"想要书,那有条件,得给我们弄到一只小海象!"

于是,塔吉娅娜到处去找海象。后来,叶烈麦大叔帮她找了一位商人,商人提出换工:如果塔吉娅娜给他白干四天活儿,作为报酬就送她一只小海象。她干了四天活儿,将海象弄到手,书也到手了。

扎伊科罗斯帕斯基学校是莫斯科有名的学校,建校已五十多年,曾培养出很多著名的学者。在这所学校里,塔吉娅娜除完成课堂学习外,还常去图书馆看书,她对自然科学发生了兴趣。

一天,在全校师生大会上,学校宣布:元老院要挑选12名成绩最优秀的学生去彼得堡科学院深造。全校都震动了,塔吉娅娜更是兴奋。彼得堡科学院可是全国最高学府啊,在本校毕业只能从事神职工作,如果从彼得堡科学院毕业,就可以专门从事科学研究,就可以实现自己的理想啊!

竞选的考试开始了,要求用拉丁文答卷,院方亲自监考,塔吉娅娜第一个交了卷。结果,塔吉娅娜的成绩最高,另外11名被录取的同学中还有她的好友维诺格拉多夫。

学校把考生们召集到大厅,正要宣布录取名单时,她却被揭发是个渔民的女儿,人们纷纷议论。彼得堡科学院代表说:"她犯了校规,本应当受到处分,可是全校学生的成绩没有一个超过她的,那么叫她本人谈谈吧!"

盖尔曼神父说:"你隐瞒出身,照校规要把你送到边远的教堂去,你怎敢欺骗上帝?"

塔吉娅娜诚恳地向老师们说明,这都是自己在强烈的上学愿望支配下做出来的事。她承认自己有罪,也愿意到边远的教堂去服劳役。她还说自己到那里还要学习,如果丢掉学习,宁愿死去。她哭了,不少人被她的发言感动了。

彼得堡科学院的代表不愧是有学问、有胆识的人,他竟然表示不给她定罪,还决定破格准许她去学习。就这样,塔吉娅娜又通过了一个难关,和同学们一道去彼得堡上学了。

读故事悟道理

哲学家培根说:"知识就是力量。"知识可以开阔人的视野,改变人的命运。勤奋学习,掌握知识,可以使一个人从平庸无为变得出类拔萃。人生的道路充满机遇,也有辛酸和绝望,失败的经历也许数不胜数,叠在一起可能比金字塔还高。但是只要付出努力,做一个上进的人,不断朝自己的目标奋进,就一定能实现自己的梦想。

培养完美女孩指南

前进的路上,总是布满阴霾,面对阴霾,能够按照自己的既定目标坚持不懈地走下去的人很少。只有那些能够坚持不懈、持之以恒走下去的人,最终才能夺得成功的桂冠。为什么呢？因为知识可以改变命运、改变平庸，让人变得出类拔萃。那么，父母怎样才能培养出在学习上能够持之以恒的孩子呢？

1. 要强化女儿的学习意识

父母要强化女儿的学习意识，即要求女儿在学习过程中进一步明确学习的任务、学习的内容、学习的目标和要求，让学习活动始终指向既定的目标。

2. 要监督、引导女儿学习

有些父母因为工作忙无暇顾及孩子，但父母必须知道，孩子都有惰性，在学习的过程中免不了偷懒而停下来，或者在学习中遇到解决不了的问题而沮丧颓废，以致放弃。因此，父母应对女儿的学习过程进行监督、鼓励，并适时给予指导，帮助她克服惰性、克服软弱、增强信心，保持学习的连续性。

3. 要试着给女儿制订详细的学习计划

在女儿学习之前，父母可通过制订学习计划帮助女儿明确学习的内容是什么、想达到什么目标、打算安排多少时间、怎样完成学习任务等。

4. 要鼓励女儿坚持下去

当孩子遇到学习难题准备放弃时，父母要给她打气，鼓励她想办法坚持下去，遇到任何困难都不能轻言放弃，要耐着性子坚持到底。只要孩子有了坚强的意志力，有了不甘落后的决心，那么学习就有了强大的动力，学习起来就会坚持不懈。

47

娇娇的学习环境

娇娇的妈妈为了娇娇将来能够更好地适应社会,掌握更多的技能,就给她报了画画班,想通过兴趣班更好地开发娇娇的潜能。在兴趣班里,娇娇的兴趣得到了充分的调动,画画的兴趣越来越浓。为了给孩子一个良好的学习环境,娇娇的妈妈还在家里选择一处光线最好、最僻静的地方作为专供孩子学习的固定位置。在娇娇的房间里面有书桌和高矮适当的凳子,还有书架和各种各样的图画书。娇娇是这一块领地的小主人,她可以有条理地安排自己的书籍、学习用具和心爱之物。每天早上起来,娇娇可以很自然地坐在这里读书,然后清理书包去上学;放学回家,也就很自然地卸下书包,开始做家庭作业和课外阅读,很快就进入角色。家里人和外来的客人见到娇娇在学习,就不会去打扰她,也不会毫无顾忌地高声说话。所以,娇娇感到很安全、很自在、很愉快,逐步养成了独立自主的学习态度和习惯。

读故事悟道理

女孩天生都比较敏感,她对外部干扰的抵抗力也比较弱。在学习方面,女孩很容易受到环境的影响,特别是家庭环境,对她的影响是很大的。父母辅导孩子学习,实际上就是为孩子创造有利的学习环境,因为学习的根本动力还是在于孩子本身,在于孩子内在的求知欲望和成就欲望。父母所能做的,就是为孩子提供良好的学习环境。

培养完美女孩指南

学习环境的好坏与否,时刻影响孩子的思维和行动。因此,父母应该在家中为孩子创造一个良好的学习环境。既然家庭环境对孩子这么重要,那么父母应该做些什么才能使家中具有学习氛围,从而给女儿一个良好的学习环境呢?

1. 为女儿营造安静的学习环境

在女儿学习时,安静是非常重要的。如果这时父母和他人大声地聊天,那么她就很有可能会被父母聊天的话题所吸引。如果这时候家中有很多人在讲话,那么她就会更难学下去了。

因此,在女儿学习时,父母应该尽量保持家中的安静,不要让噪声影响到她。同时,在孩子需要学习的时间,父母最好不要在家中组织活动,比如玩牌、聚会等。

2. 在家庭中多看书、多讨论

父母为了让女儿能够更好地学习,让她受到更好的影响,在家时也应该多看书、多学习。想想看,如果父母是爱读书的,家中书架上摆满了书,而且经常坐在书桌旁看书,女孩从小就受到这种环境的熏陶,怎么会不爱看书、学习呢?

如果父母之前没有读书的习惯,那么,为了给女儿营造良好的学习氛围,也应该有意识地多在家中看看书,并经常坐下来讨论一下书中的知识,发表自己的意见与见解。这样,一个充满浓厚学习氛围的学习型家庭就建立起来了,女孩一定会在轻松愉快的氛围中体会到学习知识的乐趣,并且受益匪浅。

父母需注意的是,这种有关读书的讨论一定是开放性的,父母不可以摆出一副说教者的架子,也不要只顾自己说,不给孩子表达的机会,更不要在女儿说错时批评她,而应该像是大家在一起轻松愉快地聊天。

3. 和女儿一起"学习"

父母和女儿一起学习,并不是让父母看着女儿写作业,或者是在一旁督促她学习,而是指在女儿学习的时候,父母也应该拿起书来学习,营造一种大家都在学习的良好氛围。这样女儿就会感到:家人都在学习,那么自己学习也就是很自然的事情了。请注意,父母在"学习"时最好不要看报纸、杂志,因为在女儿眼里,看报纸、杂志是休闲、娱乐,而不是真正的学习。

4. 给女儿创造一个欢欣、愉快的家庭环境

家庭和睦,气氛融洽,充满亲情之爱,可增进孩子的智力。相反,夫妻反目,争吵

不休,孩子享受不到母爱或父爱,心情压抑,感觉孤独,智力就会受损。另外,家庭人际关系不和谐对孩子还是一种心理干扰、情绪压力,孩子会产生焦虑、恐惧、厌烦等心态,无法安心学习。所以,父母在女儿面前要尽量保持融洽的状态。

家庭这个"基地"的学习环境如何,对孩子学习的好坏及良好习惯的形成是至关重要的,父母万万不可大意。

48

综合素质突出的张恬

2011年1月,北京大学对外公布了中学校长实名推荐的学生名单,其中最小的一位是来自河北省邯郸市一中少年班的张恬。她当年只有16岁,可凭借着突出的综合素质,她在众多的竞争者中脱颖而出。

张恬的学习成绩在年级中不是最好的,但她的成绩很稳定,一直都排在全年级前十名。她自幼养成了按计划学习的好习惯,而且非常喜欢独立思考问题,在学习上经常能举一反三、融会贯通。

张恬积极参与学校组织的课外活动,也懂得关心集体和他人,与同学关系很融洽。她还具有很强的责任心,在担任班干部期间,经常组织同学们参加社会实践活动,如义务打扫家属楼、为灾区捐款等。

此外,多才多艺的张恬横笛吹得很好,是校乐队的横笛手。

张恬之所以能被校长推荐,也能被北京大学选中,并非完全得益于她的学习成绩,主要还是由于她在各方面都能平衡发展,综合素质非常突出。

读故事悟道理

很多父母都非常关注女孩的学习成绩,然而,如果父母只注重学习成绩的好坏,而忽略了女儿在其他方面的发展,只顾宠着她,让她除了学习什么也不做,那她最后很可能会变成学习的"奴隶",除了学习、得高分,其他的什么也不会,什么也不想,更别提要德、智、体、美、劳全面发展了。因此,父母要想让女儿不变成高分低能的人,为了她的长远发展考虑,就不能只关注她的学习成绩,而应该更关注一下她的综合素质。一个人只有真正找准自己的定位,然后一步一个脚印走下去,前进的路才会更宽广,发展的空间才会更广阔!

培养完美女孩指南

家长关心孩子的学习分数是无可厚非的,但并非每一位家长都能使自己的关心变为孩子学习的动力。有调查表明,目前社会上家长对学习分数的态度以及由此引起的某些行为,确有不科学的现象存在。这些现象的存在直接影响了孩子的学习。只有让孩子成为学习的主人,她才能真正做到学有所成。那么,父母该怎样做才能培养出综合素质过硬的优秀女孩呢?

1. 要正视女儿的学习成绩

父母要正视女儿的学习成绩,理解它所代表的含义,为女儿保持一种良好的学习心态和稳定的学习成绩提供帮助。

学习成绩代表了女儿在一定时间内的学习状态是否良好,有没有认真地按计划学习,有没有掌握好新的知识,有没有忘记旧的知识点……所以,学习成绩确实很重要,也确实能够在很大程度上反映出女儿对待学习的态度。

但学习成绩只是对女儿学习情况的一个检查,只是父母了解她学习状况的一个渠道,最终的目的不是让女儿想尽办法得高分,而是应该让她通过成绩总结出自己有哪些不足之处,有哪些方面还需要改进和弥补,有哪些学习方法还没有掌握……所以,成绩本身并不应该是重点被关注的东西,父母应该更注重成绩背后所隐藏的问题,只有把这些问题解决好了,才能让女孩真正学到有用的东西。

2. 女儿成绩好,父母应该多理智、少娇纵

父母要理智对待女儿的学习成绩,不仅仅是针对成绩不好的孩子来说,对成绩很好的孩子也要如此。

很多父母常常会因为女儿成绩好而给她们很多不理智的爱:女儿想要很昂贵的书包,父母毫不犹豫地去买,而且还摆出很正当的理由,谁让女儿学习好呢。女儿因为成绩好就目中无人,看不起同学,父母毫不在乎,并且还说,女儿有骄傲的资本;女儿成绩好就可以不做家务,甚至起床后连自己的被子都可以不叠。

与男孩相比,女孩需要父母更多的爱与关注,但要想让女儿健康成长,父母的爱必须理智。成绩好并不是她目中无人、懒惰甚至为所欲为的理由,学习成绩表现

的是一种能力,谦虚、爱劳动、尊重他人等是另一种能力。父母不能只看重女儿的学习能力,而忽略了其他方面能力的培养。

3. 女儿成绩差,父母应多关注、少抱怨

对于成绩差的女孩,父母应该多关注孩子的健康和快乐,这同样是对孩子的一种鼓励。尤其是对懂事的女儿来说,父母的这种态度会让她产生很强的安全感,她会因为自己的努力而自豪,也会因为父母的鼓励而更加努力。

4. 要让女儿了解学习的真正意义

如果父母只关注女儿的学习成绩,而忽视了对她综合素质的培养,说明父母还没有了解学习的真正意义。实际上,学习的真正意义并不在于要取得多么好的成绩,而在于通过学习掌握发现、分析、解决问题的方法,让孩子打开懵懂的头脑,了解和探索世界,树立自己的人生观和价值观,最终能掌握生存和生活的本领。因此,父母只有让女孩学到真正的生存知识,提高她各方面的综合能力,才能让她在将来的社会生活中找到适合自己的位置,也才能让她更好地生存下去。

5. 要重视对女儿良好品德的培养

人们在表扬一个好女孩的时候,往往会把良好的品德放在第一位,比如说她懂事、有礼貌、有爱心、孝敬父母,而不是她有多好的成绩。这说明在人们眼中,优秀的道德品质比分数更重要,是做人的第一要务。因此,父母在平时要真正把对女儿的德育放在家庭教育的第一位,而不是只关心她的成绩。父母要把女儿培养成有孝心、有爱心、有同情心、有容人之心的真正的淑女,而不要让她成为冷漠的、麻木的、自私的、为了个人名利不顾一切的女孩。

6. 要培养多才多艺的女儿

多才多艺的女孩是讨人喜爱的,无论怎么看都是那么光彩照人。因此,父母不能忽视女儿在才艺方面的发展,不论是美术、音乐还是体育,只要她感兴趣、愿意学并能坚持练习,父母都要支持她、鼓励她,不能以影响学习为借口去阻碍她,更不能强制她放弃。

第七章
习惯——习惯良好的女孩最完美

有句话这样说:"播种行为便收获习惯,播种习惯便收获性格,播种性格便收获命运。"可以说,习惯就是人生命运的主宰。养成良好的生活习惯,不仅利于他人,还利于自身的发展。成功的教育都是从良好习惯的养成开始的。如果父母能够教育出一个拥有好习惯的孩子,将会让孩子受益终身。面对孩子表现出的很多坏习惯,比如乱花钱、懒惰、做事磨蹭拖拉、不讲卫生、不懂得珍惜时间等,父母又该如何引导呢?父母要想培养出健康、阳光的女孩,一定不能对女孩子过于娇宠,要下狠心培养女孩良好的生活习惯。

49

会理财的小英子

小英子每天从学校回家时,总爱去路边的一个礼品店看一看,如果看见店里有新进的玩意儿,她就想买一个拿回家去玩。可是一旦她买了这些新玩意儿,过不了多长时间就会扔到角落里了。

小英子的妈妈是一位职业理财师,为了预防女儿养成花钱大手大脚的习惯,她决定帮女儿改掉这个毛病。

有一天,妈妈对小英子说:"家里过日子要用钱的地方不少,爸爸和妈妈挣来的钱不多,你要养成节约的习惯。每个月给你的零花钱要节省点花,如果提前花完了,这个月就不会再给了。"

小英子听了妈妈的话,点点头表示同意。

刚过了半个月,小英子的零花钱就花光了。她向妈妈求助,妈妈回绝了女儿:"这是与你约定好的,怎么能随意改变呢?在接下来的半个月里,你什么都不能买了。"

小英子有个好朋友过生日,邀请小英子和几个同学去家里玩。受邀请的那几个同学一起给好朋友买生日礼物,可是小英子没有了零花钱,只好向同学借钱来买。

总算挨到下个月了,小英子希望妈妈能多给一点零花钱,弥补上个月的一点"亏空"。妈妈认真地说:"家里的日常开销是没有办法减少,给你的零花钱也没有办法增加,还是这个数,你自己节省一点吧。"

小英子还清了欠别人的钱,余下的零花钱就不多了。于是,她知道要有点计划了,不能像以前那样没有节制地花钱,不是十分必要的东西,她就不买了。就这样到了月底,小英子的零花钱竟然还没有花完。

慢慢地，又过去了几个月，小英子路过礼品店时，再也不随意买东西了。即使陪妈妈上街购物，她也知道货比三家了。

读故事悟道理

节俭是一种美德，也是一种理财理念和方法。正如一位古罗马哲学家说："节俭本身就是一大财源。"节俭习惯是长期积累和强化的结果，一旦养成了节俭的习惯，就会终身受益。成功的女性大多具有高财商，女孩的成长教育也离不开理财教育。因此，如果父母真的想多疼女儿，那就教她从小开始学习理财吧，让她成为金钱的主人，而不要变成被金钱"役使"的奴隶。

培养完美女孩指南

当今社会，很多女孩不会理财，财商低下，只知道用钱，却不关心钱是怎么来的，还鄙视没钱的生活，产生了错误的金钱观、人生观和价值观。古人说："授之以鱼，不如授之以渔。"就是说，在孩子成长的过程中，最重要的是从小培养孩子的金融意识，让孩子养成良好的理财习惯，树立正确、朴素的金钱观，这将使孩子在今后的人生道路上获益匪浅，也是父母为孩子所做的重要的人生规划。那么，父母具体该如何做呢？

1. 要有教女儿学习理财的意识

如果女儿小时候不学习理财，从小就没这个意识，那么长大后她也很难学会理财。因此，父母必须要有从小教女儿学理财的意识。

父母不要以"爱"为名义给女儿提供太过奢侈的物质生活，防止她出现攀比心理。不要让女儿养成"要什么爸爸妈妈都会给我买"的心态，更不能总向女儿灌输"家里有钱"的观念，否则她将不会懂得珍惜与节约。

父母可以多借鉴一些成功家族的教育方法，看看他们是如何保证家族财富一代一代传下去的，看看他们是怎样看待财富的。当然，父母这种借鉴不是照搬，一定要结合女儿的特点与自己家庭的特点，寻找最合适的教育方法。

2. 要帮女儿真正了解金钱

父母要让女儿知道,金钱是我们用自己的劳动与汗水换来的。关于这一点,父母可以带女儿到自己的工作单位去看看,或者给她讲讲各行各业的人们都是怎样辛勤劳动的,使她内心有一个最基本的"只有劳动才能挣钱"的概念。

父母还要告诉女儿,金钱除了能买东西,还能做其他很多事,比如最典型的一个作用就是可以用来做慈善事业,用来捐助给其他需要的人。

另外,女孩也要知道"君子爱财,取之有道",通过正当劳动获得的金钱花着才踏实,而靠偷窃、抢夺等获得的金钱都是不义之财,绝对不能使用。

当女孩对金钱有了一个深入的了解之后,她再使用金钱时就不会盲目,也不会用不正当手段去获取金钱了。

3. 要培养女儿正确的消费观

有的女孩花起钱来毫不吝啬,一掷千金;有的女孩又对金钱"斤斤计较",一毛不拔。这两种态度都不正确。父母要让女儿有一个正确的消费观,培养她学会正确地使用金钱。

父母可以帮女儿分析一下:什么东西是可以买的,什么是暂时不用买的,并告诉她可以买的东西比如学习用具、生活用品等,也要考虑自身的经济实力,购买实用的就好,不一定非要买最贵的,不要被广告诱惑,要理智看待广告的宣传。

与此同时,父母可以选择适当时机,将自己家的"家底"大概向女儿透露一下,让她明白家庭的经济实力到底是怎样的,使她不会为了追求高额消费而让家庭负担沉重。

另外,平时父母给女儿的零用钱也要定量,不能随时要就随时给,在一定时期内只给她一定数量的钱,如果她提前花完了,也不会再多给她,以此来约束女儿消费的欲望。

4. 要教女儿学会储蓄

教女儿学习储蓄是培养理财能力的一项必不可少的内容。当女孩逐渐有了储蓄的意识后,她便不会再乱花钱了。

父母可以先通过让女儿阅读理财知识、带女儿去银行等储蓄点参观等方式,让她对储蓄有一个基本的了解,随后父母去储蓄的时候也可以带上女儿,让她看看都是如何办理储蓄手续的;或者父母为女儿开一个户头,所有储蓄过程让她自己亲自去体验;在家也可以给女儿准备一个储蓄罐,让她从储蓄零钱开始做起。

5. 可以定期给女儿发放零用钱

在给女儿发零用钱时,父母要严格执行约定时间,必须到时间才给孩子下一次的零用钱。一开始,家长可以以"周"为发放零用钱的时间单位,等孩子习惯后,再将时间慢慢拉长为"月"。父母控制好零用钱的发放时间,能让孩子在固定的时间内合理分配金钱消费,同时也能训练孩子的科学用钱能力。

6. 要培养女儿的记账习惯

女儿年纪小,不知道如何记账,刚开始时,父母可帮助女儿将未来一星期所需要的花费记录下来,然后逐日补上额外支出的项目,慢慢养成女儿记账的习惯。等到建立起几次记录后,父母可以放手让女儿自己记账。几个月后,父母可以借此了解女儿的消费倾向,了解她对金钱的价值与感受,若发现有偏差,可适时纠正。另外,记账也可以帮助女儿培养良好的理财意识和习惯,让她理解"花钱容易挣钱难"的道理。

7. 可以帮助女儿建立理财目标

在不同阶段,女儿总有不同的消费需求,如小时候买玩具,小学时买电子游戏机,中学时添置MP3……这就需要父母帮助女儿建立理财目标及投资观念,比如购买一辆自行车,父母可以协助女儿从每个月的零用钱中规划出一个时间表,通过目标建立女儿的预算观念,让女儿学会用自己积攒下来的零花钱来买自己想要的东西。

50
惰性能毁掉人的理想

雅雅和紫嫣是同一个班级的女孩子，她们也是关系很要好的小伙伴。

假期里，她们在树荫下一起谈论各自的理想。

雅雅说："我将来要当一名建筑工程师，为家乡设计出漂亮的房屋，让孩子们能在宽敞、明亮的教室里上课。"

紫嫣说："我将来要当一个数学家，像陈景润那样，破解世界上最难的数学题，为国家争光！"

两人相约，在假期里一起看书、做作业。

一天早上，雅雅如约来到紫嫣家里。10点了，紫嫣还没有起床。雅雅叫她起来写作业，紫嫣懒洋洋地说："晚上看动画片太迟了，没有按时休息，所以早上起不来了。"

于是，雅雅自己认真做完作业回家了。她们又约好第二天早上一起写作业。

次日，雅雅按照约好的时间来了，可紫嫣还在睡觉，雅雅叫她起床。她说："昨晚玩电脑游戏睡晚了，现在还没有睡醒呢。"

雅雅又独自做完作业回家去了，可紫嫣还没有起床呢。

假期过完了，雅雅因为假期作业做得好受到了老师的表扬，还当上了学习委员。而紫嫣却因为经常迟到和不按时完成作业受到了老师的批评，学习成绩也明显退步了。

转眼几年过去了，雅雅考上了一所被誉为"工程师摇篮"的著名大学，为实现自己的梦想迈出了关键的一步。紫嫣却在高考中名落孙山，不得已外出去打工，她再也不提当数学家的理想了。

读故事悟道理

懒惰是一种心理上的厌倦情绪,它的表现形式多种多样,包括极端的懒散状态和轻微的犹豫不决。生气、羞怯、忌妒、嫌恶等都会引起懒惰,使人无法按照自己的愿望进行活动。有位名人曾这样说:"世界上最长而又最短,最快而又最慢,最平凡而又最珍贵,最易被忽视而又最令人后悔的就是时间。"守时是对他人的尊重,也是成功者的重要习惯。惰性是理想的绊脚石,按时作息是战胜惰性的法宝。在孩子们当中,有些人的懒惰突出表现在日常学习、日常生活方面。学习的确是一件苦差事,作为一名学生,在高强度的学习压力下,只有锻炼好自己的毅力,刻苦勤奋,才能在成功的路途上迈出坚实的每一步。

培养完美女孩指南

理想好立,目标好定,但难的是实现目标的过程。人多多少少都有点儿惰性,在目标确定时,信誓旦旦,但真正实施目标的时候,却只有三分钟热情。然而,知识的获得需要人们的钻研、练习、集中注意力、修改和纠正错误。坚定、持久、勤奋是学习所必需的优良品质,勤奋努力则是其中最重要的品质。勤奋永远是成才的钥匙,永远是成才的第一推动力。具备了勤奋这种可贵的品质,我们就等于拥有了成功的一半。所以,父母一定要纠正女儿身上懒惰的恶习,培养孩子勤奋的美德。那么,父母怎样才能在女儿身上培养出这种勤奋努力的品质呢?对此提出以下方法和建议。

1. 要对女儿的勤奋努力给予关注和认可

父母可抓住适当时机,通过言辞赞赏孩子的努力、耐力和勤奋。其范围可从一句简单的"我喜欢你努力",到对她所做的预习、许诺和忍耐力作出详尽的评论。父母也可在孩子按标准完成了一项任务后加以肯定和主动赞扬,通常父母要将对完成一项任务和做好一项工作所确立的标准告诉孩子,例如,"我更喜欢你兴致勃勃地去做这件事",这句话倾向于强调勤奋与投入,而讲"我希望把这项工作完成"则不存在这种倾向。

2. 要指出勤奋努力是获得成功的重要因素

一般来说，崇尚勤奋品质的家庭会分别地考虑每个孩子的优点，而不是将他们相互比较，当然也不会根据成绩去比较他们。每个孩子能力各异，最重要的是使每个孩子都取得进步，这些进步就要依靠每个孩子自身的努力。这也就意味着作为父母，应当对成绩报告单上的分数所隐含的努力予以更多的注意，并且承担起培养和支持女儿做事时所需的坚韧品质的职责。父母与其对成绩殷殷期待，不如先将注意力放在对女儿勤奋的培养上，这样最终定能收获令人满意的答案。尊重一位为学习而拼搏的孩子，意味着对"勤奋"这一品质的评价高于成绩本身。

51

胡静改掉了磨磨蹭蹭的坏习惯

初三学生胡静在考上市重点中学之后,写了《我改了磨磨蹭蹭的坏习惯》一文。她在文中写道:

和一些初中同学一样,每当我坐在书桌前开始写作业时,我的想象力都异常丰富。明天早晨吃什么?邻居家的小狗什么时候生小狗宝宝?美术作业能得几分?总之,只要我能想到的事,在做作业时都能在我脑子里出现。所以,作业便写写停停,停停又写,速度甭提多慢了。

到了初三,随着课程难度的增加,作业量也随之增加了。于是,每天光做作业我就要写到晚上十一二点,更别提复习了。有一次考试,由于题量较大,我做题的速度慢,最后三道大题都没有做完,只得了56分。这件事对我打击很大,我知道我再不能这样磨磨蹭蹭了。从那以后,我便实行了"作业计时"的计划。

我立志改正磨蹭的坏习惯,每天做作业时都把自己的小闹钟摆在书桌上,根据作业量限定时间。开始时当然会遇到一些困难,有时管不住自己,还是会想别的事,我就命令自己:"快回来!"时间久了,我便习惯了这种超越我的常速做作业的方法了。练了几个月,我做题的速度大大加快,每逢考试我也能把所有会做的题做完了。

今年中考,我考入了市重点中学,这跟我改掉磨磨蹭蹭写作业的坏习惯有很大关系。

胡静努力改掉自己磨蹭的坏习惯,考入了重点中学,说明改正孩子主观上的认识更重要。父母要教会孩子管理自己的生活。有了这种独立、不依靠别人的习惯,孩子们才会更好地适应现代社会环境中的激烈竞争。

读故事悟道理

做事拖拉,有百害而无一利。拖延时间,最后只会把事情变糟糕。只有现在的行动和接下来的行动才会决定事情的结果,拖延只会让结果更糟糕。办事拖拉、磨磨蹭蹭是孩子中常见的一种毛病,一旦在孩童时期没有克服掉这种毛病,就有可能使孩子形成懒惰的性格,使孩子在碌碌无为中度过平庸的一生。尤其是女孩,性格温柔,做起事来不似男孩一般雷厉风行。所以,父母要注意培养女儿做事利索的好习惯。一个做事利索的孩子往往能在相同的时间内做较多的事情,如果一个女孩形成这一良好习惯,那么无论是在学习、生活上,还是在工作上,她都能有效地利用时间,提高效率,作出比别人出色的成绩。

培养完美女孩指南

现在很多孩子都没有自控能力,凡事要有父母的催促才可以完成。培养孩子自我管理的好习惯,父母不能急于求成,应让孩子意识到磨蹭的坏处,使孩子自己主动改掉磨蹭的缺点,养成自我管理的好习惯。如果孩子拖延的习惯没有得到及时的纠正,久而久之,不仅会影响到学习成绩和学习效率,还会使孩子形成拖沓的性格,影响到将来的工作和生活。对待孩子磨蹭的习惯,父母一定要用耐心和爱心来逐步改正,不要操之过急,要注意总结方式方法。

1. 要让女儿养成立即行动的习惯

父母可以从孩子的实际出发,制定一些改正方案。做什么事情需要多长时间,事先都做好假定,在假设的时间内(当然越快越好)保证质量地完成。做完以后,可以共同讨论,对方案进行调整,争取下次做得更好。

如果女儿要做什么事,就要她从现在就开始,不要总是"明日复明日"。女孩因为年纪还小,总觉得日子好像永远过不完,所以体会不到时间的重要性。因此,父母有责任帮助女儿逐渐认识时间的宝贵,培养女儿养成立即行动的习惯。

2. 要让女儿分清事情的轻重缓急

有的女孩做事杂乱无章,随意挑一件事就干,这样容易把更重要的事给忽略掉。所以,要让女孩学会分清事情的轻重缓急,并且在完成一件事之后,再着手处理另一件。集中优势也是很必要的,父母要让女儿做到一次只集中应付一个问题,直到处理完为止。

3. 要让女儿为自己的事情规定一个期限

凡做一件事,让女儿给自己规定一个期限,是避免她拖拉行事的有效措施。公开的拖延往往要比私下里拖拉难堪得多。在初期,她的这个期限最好公之于众,让别人知道她的期限,并期望她按时完成。这样女孩就会有一种压力,她的自尊心会敦促她努力如期完成此事。

4. 要激发女儿的好胜心,让女儿在"比试"中克服拖拉的毛病

为了帮助女儿改正拖拉的毛病,父母还可以让女儿邀请她的同学、伙伴到家里来玩、做家庭作业,看一看谁做得又快又好。不管是谁,做到了这一点就奖励谁,这样女孩为了面子会自觉地提高做事的效率。这样做也能在女孩心中植下竞争意识。社会的竞争在小孩子身上得不到体现,但是不意味着家长就不能教育她有竞争这么一回事。从小就树立女儿的竞争意识,让她知道,做事拖拉就会被大鱼吃掉,这对她将来的成长和进步大有裨益。

女孩做事情拖拉或者磨蹭,有自身的原因,也有外来因素的影响。动气不如动心,花心思帮助女儿对症下药,这才是合格家长的做法。

5. 要让女儿和那些办事效率高的孩子交朋友

父母要让孩子跟那些做事较快的孩子多在一起学习、玩耍,让孩子们之间互相影响。还可以与做事快的孩子的父母取得联系,让自己的孩子在受到积极影响的同时,别的孩子也可以得到更好的提高。

6. 可以给女儿确立一定的目标

父母可以给孩子制定每天要做的事情的时间、任务和要达到的目标,完成以后可以给其一点小小的奖励。例如,在训练孩子穿衣服时,父母可以给其做示范,让孩子自己学着穿衣服;还可以用布娃娃做试验,让孩子给布娃娃脱衣服和穿衣服。每次孩子完成时,都应给予鼓励和表扬。

52
干净整洁的女孩惹人爱

有一位叫绿萍的孩子,特别注意卫生。她妈妈告诉她,要从小养成爱清洁、讲卫生的好习惯,尤其是饭前便后洗手的习惯。绿萍问:"为什么饭前便后要洗手?"

妈妈告诉她:"因为手上摸了脏东西,在吃饭前不洗干净,吃进肚子里就会生病,肚子里就会长出虫子来,有虫子,就要去医院打针吃药了。"等她稍大一点,妈妈还进一步告诉她,饭前便后洗手可以预防各种肠道传染病、寄生虫病。

每次绿萍洗手时,妈妈都为她准备好肥皂、擦手毛巾,放在绿萍容易取拿的地方。妈妈还告诉绿萍,洗手时要把袖子挽起,以免把衣服弄湿了,并教给她手心手背都要洗。妈妈示范一次以后,绿萍就全部掌握了。

于是,绿萍每天早晨起床后,自己洗脸、洗手。尤其是吃饭前,她从来都不用人提醒,自己主动去洗手、打肥皂,口里还念念有词,洗完手,要甩三下,把自己手上的水甩干。有时大人一忙,吃饭前忘记了洗手,她总是及时提醒大人。

读故事悟道理

讲卫生是一种很重要的习惯,对于保持和增进健康更是必不可少的。但在现实生活中,却有很多父母因为孩子不讲卫生而发愁。其实,孩子不讲究卫生、不讲究仪表美,可不是一件小事情,而孩子讲究卫生与父母平时的教育是分不开的。因为讲卫生并不伴随生理的强烈欲望,与吃饭、睡觉不同,需要父母帮助孩子逐渐养成讲卫生的习惯。讲究卫生、注意仪表的干净整洁,对女孩来说更加重要。如果孩子能够干净整洁地出现在大家面前,很快就会博得大家的喜爱。

培养完美女孩指南

个人卫生看起来是一件微不足道的小事,却往往反映出一个人的精神面貌和生活情趣。培养孩子养成良好的生活卫生习惯是件平凡而细致的工作,父母要持之以恒地去要求孩子,通常运用示范、讲解、提示、练习等方法,给孩子以具体的指导和帮助。那么,女儿的卫生习惯不好应该怎么办呢?父母可以从以下几点去着手培养女儿。

1. 父母要讲究卫生,做个好榜样

父母是孩子的榜样,一定要起好带头作用,必须从自己做起,爱整洁。父母应向女儿示范如何保持干净整齐的仪容,清洁自己时可以让女儿在一旁观看,学习如何将自己清洁得干净、卫生。

2. 要教导女儿养成讲卫生的生活规律

在孩子小的时候,父母就要教导孩子将洗脸、刷牙、洗澡等工作当成生活作息的必需部分,逐渐养成习惯。和孩子一起设计属于她的生活作息表,内容包括她该有的卫生习惯和活动。例如,饭前便后洗手、自己擦鼻涕、会用指甲刀剪指甲、自己按时洗澡、定时大便、使用手纸等。

3. 要让女儿严格执行生活作息表

对于给女儿制定的生活作息表,要严格要求她按照计划执行。对待那些执拗的小女孩,最重要的是当孩子"耍赖"、"哭闹"、"发脾气"时都要坚持原则。必须让女儿了解,有些要求是没有商量余地的。

4. 要检查女儿是否完成清洁工作

即便女儿确实去洗澡、洗头或饭前洗手了,父母也要注意她是认真去做了还是敷衍了事。要知道,孩子的头发湿了并不代表她一定洗了澡。万一发现她是敷衍了事,可以罚她重洗一次,并取消她晚上的娱乐活动。

为了提高孩子自己洗头发、洗澡的兴趣,父母可以为孩子准备她所喜欢的果香洗发水或沐浴露等,以及让孩子用造型奇特的卡通洗澡盆等,或将盥洗过程编成儿歌,如洗手歌、洗脸歌、刷牙歌等教给孩子唱,都可以将清洁过程变成孩子愉快的经历,从而让孩子自觉爱上清洁自己的工作。

5. 要让女儿学会物品归位

父母从小就应培养女儿把脱下来的衣服、玩过的玩具放回原处等物品归位的能力,这对孩子将来爱整洁、做事情井井有条都很有帮助。

53

珍惜时间是成就卓越的保障

法国著名科普作家凡尔纳是一个十分珍惜时间的人,一般情况下,他每天早上5点钟起床,一直伏案写到晚上8点。除了在吃饭时休息一会儿,一天中他很少休息。当妻子来送饭时,他总是先搓搓酸胀的手,然后拿起刀叉很快填饱肚子,抹抹嘴又拿起了笔。

见他这么累,他的妻子就劝他说:"你写的书已不少了,慢点写不可以吗?"凡尔纳对妻子笑笑说:"你记得莎士比亚的名言吗?放弃时间的人,时间也放弃他。哪能不抓紧呢?"

在凡尔纳五十多年的写作生涯中,他记了上万册笔记,写了60多部科幻小说,让人佩服不已!

事实上,凡尔纳之所以取得这样巨大的成就,在很大程度上就是因为他珍惜时间,从不浪费时间。

读故事悟道理

谁能够把握时间,谁就会利用时间,谁就能最早接近成功的终点。所有希望孩子成才的父母,都要培养孩子做时间的主人,这会使他们终身受益。如果父母能让孩子从小就具有时间观念,懂得珍惜时间,就能使孩子养成雷厉风行的作风,干什么事都会有责任感和紧迫感,学习时能集中精力,神情专注,不丢三落四;做事时有板有眼,快捷利索,不磨磨蹭蹭。同时,还能使孩子学会合理安排时间、支配时间,使自己的生活过得充实而富有意义。

培养完美女孩指南

任何习惯都是需要培养的,如果父母惯着女儿,由着她去浪费时间,她怎么能养成珍惜时间的好习惯？只有父母不被她的撒娇、耍赖所牵动,不娇惯她,让她学会珍惜时间,做时间的主人,她才能受益匪浅。通常情况下,孩子并没有多么强的时间观念,往往不能按问题的主次和事情的轻重缓急来安排时间,而是全凭自己的兴趣,结果不但浪费了不必要的时间,还耽误了很多事情。所以,能否利用好时间对孩子来说很重要。当孩子不会合理利用时间时,父母应该帮助她养成合理安排时间的好习惯。具体来说,可以从以下几点入手。

1. 要教育女儿树立时间观念

如果孩子对时间并没有什么概念,也不知道时间对于自己来说有什么用处,那么她当然就不会去珍惜时间。父母可以给孩子讲伟人珍惜时间的故事,从而使孩子逐步认识到时间的价值和珍惜时间的重要性,逐步树立时间观念,增强时间意识,从而在学习与生活中养成珍惜时间的好习惯。父母还应该让孩子知道,时间是神圣的,不要随便浪费时间,否则将会受到时间的惩罚。

2. 要教女儿学会合理安排时间

父母要注意观察孩子平时是怎样安排时间的,能够合理安排时间的予以表扬,不能合理安排时间的,就要提出相关建议。同时,父母还可以帮孩子制定一个合理的作息时间表,什么时间起床,洗漱要多长时间,吃早餐要多长时间,放学后先做什么,然后做什么,几点睡觉等,都可以给孩子作出合理的安排,从而使孩子逐步养成合理利用时间的好习惯。

3. 要教女儿有效利用时间去学习

每个人都有生物规律,孩子也一样。在相同的时间段,心情好的时候学习效率就高;情绪不稳定的时候,学习效率就低。父母可以让孩子注意观察自己的特点,掌握自己的最佳学习时间,然后把重要的学习内容安排到最佳时间去学习。

4. 要让女儿体验耽误时间的苦果

现在很多孩子做事磨蹭、拖拉,不珍惜时间,这些毛病多半是父母的娇生惯养造成的。当孩子赖床不起时,就让他品尝来不及吃早饭、上学迟到、受老师批评的苦果。一旦孩子品尝到耽误时间的苦果,心里会感到不舒服,自然会吸取教训,做事就不会再磨蹭、拖拉了。

谁对时间最吝啬,时间对谁最慷慨。要想让时间不辜负自己,首先自己要不辜负时间。放弃时间的人,时间也会放弃他。

5. 要教会女儿必要的技能

父母必须教会孩子一些基本的技能,比如怎样穿衣服才能穿得更快,怎样洗漱才能不浪费时间,怎样整理玩具才能取用方便,学习用品摆放要分门归类,先复习后写作业可以节约时间,早晨醒来之后不能再恋被窝,吃饭时不能看电视,放学回家不能边走边玩。另外,对一些动手能力较差的孩子,父母还应当增加些有针对性的特殊训练,以提高孩子的动手能力,从而节省孩子做事的时间。

6. 要让女儿改掉拖拉的习惯

许多孩子都有做事拖拉的习惯,当孩子做事拖拉时,一些父母会表现得比较性急,情急之下会冲孩子嚷,对孩子责备个不停,有的甚至打骂孩子。可是,这种简单、粗暴的方式起不了多少作用。

孩子小,没有时间观念,做事拖拉是一种不好的习惯,但父母不能采用发脾气的办法。因为孩子年龄虽小,但也需要得到尊重,面对父母发脾气、责备和打骂,孩子心里的感觉一定不好,有时就有可能采取不理不睬的态度,或者干脆故意拖延时间来表示对父母的反抗。

7. 和女儿一起按计划利用时间

当女儿把时间安排好之后,父母就要鼓励她严格执行,而不是她一撒娇父母就心软、向她妥协,这样的娇惯对她没有任何好处。不过,女儿是否能够执行时间计划,在很大程度上取决于父母是否为她做了好榜样。如果父母平时没有时间观念,随便浪费时间,生活没有规律,说明父母是喜欢娇惯自己的人,同时也容易向女儿妥协。而女儿在父母的影响下,不但很难按时间表落实计划,还在无意中学会了娇惯自己。

因此,父母最好也给自己制订一个计划,比如女儿饭前写作业的时间是父母准备晚饭的时间,女儿饭后学习的时间是父母看书、阅读的时间,女儿休息娱乐的时间也是父母休息娱乐的时间,大家同时洗漱,同时睡觉。这样,女孩落实起来也会很有劲头,时间一长,她就能感受到按计划利用时间的好处,并自觉地执行下去。

8. 要培养女儿做事的专注力

时间如果利用不好就很容易被浪费,特别是点点滴滴的杂事和不良的生活习惯,更会偷去女儿不少的时间。比如,她被一个电视节目吸引之后,便没完没了地看下去;接到朋友的电话,便没有节制地聊起来;平时房间杂乱,为找一个学习用具花费大量时间,等等。

父母要想办法给女儿打造一个无干扰的学习、做事环境,并让她在投入之前做好一切准备,按她的个人情况分配好时间,尽量让她专心致志地做事。只要女儿做事的专注力提高了,时间就不会被白白浪费。一旦养成好习惯,女儿就会把管理时间、高效利用时间的能力应用在生活和学习中的每一处。

54

健康饮食才能茁壮成长

馨馨很喜欢做游戏,对于她不爱吃的菜,妈妈就和她做"开火车"的游戏。妈妈把小勺当火车,边念儿歌边喂她:呜呜呜,开火车,爬过高山,走过平地,咔嚓咔嚓,火车钻进山洞里。当念到"火车钻进山洞里"时,馨馨就乖乖地张大嘴巴做山洞,让妈妈的"火车"钻进去。慢慢地,只要妈妈一念儿歌,馨馨就能自己"做游戏"了。

馨馨不爱吃菠菜,无论馨馨妈妈怎么耐心地教育,就是提不起馨馨对它的好感。这时候,动画片《大力水手》帮了大忙,片中的大力水手在需要解决困难的时候,总是吃上一大桶菠菜以增强功力去打败敌人,馨馨很爱看。妈妈借机说:"你想有大力水手一样的本领吗?""想!""那你就和他一样,多吃菠菜呀!你看,菠菜的作用多大!你吃了菠菜,身体一定和大力水手一样棒!"馨馨听着觉得很有道理,慢慢地也就能吃些菠菜了。平时,只要馨馨吃了一点点原来不爱吃的菜,妈妈就大大地夸奖她一番。在适当的时候,妈妈还告诉馨馨各种菜的营养,这不但有利于纠正馨馨的挑食习惯,还丰富了她的知识。

读故事悟道理

不同的食物有不同的营养,人们应该养成健康饮食的好习惯。只有养成健康饮食的习惯,才可以减少疾病的发生,使身体更健康。所以,为了使女孩拥有一个健康的身体,父母应该培养女儿养成健康饮食的好习惯。

培养完美女孩指南

挑食、偏食是当前独生子女常见的现象。如果女儿长期挑食、偏食,就会造成营养摄入不平衡,影响身体健康。因此,父母应该针对女儿的挑食、偏食给予足够的重视。要纠正孩子挑食、偏食的坏习惯,父母可以从以下几点着手来改善。

1. 要为女儿营造良好的饮食环境

一日三餐是摄入营养的主要方式,这就要求父母营造良好的饮食环境。首先,父母要科学设计食谱,使菜品营养搭配均衡,这样女儿对于营养的摄入才会有一个基本的保障。其次,父母应该为女儿创造舒适的就餐环境,比如不要在餐桌上训斥女儿,更不要强迫女儿吃这吃那,这样会导致女儿对吃饭产生恐惧心理,从而产生挑食、偏食,甚至是厌食行为。相反,父母应该为女儿准备漂亮的餐具,比如卡通的小勺、饭碗等,让女儿喜欢一日三餐。父母还要跟女儿愉快地交流,或者放一些舒缓的音乐,让女孩养成细嚼慢咽的好习惯。这样,女儿就会感受到饮食环境很舒适,养成健康的饮食习惯就会比较容易一些。

2. 要控制女儿吃零食

许多孩子食欲不佳,主要原因在于吃零食太多。虽然大多数零食在口感上比父母做的饭菜要好吃,可是孩子无节制地吃零食,不但会败坏孩子的胃口,还会造成在吃正餐之前就已经吃饱了的后果。久而久之,孩子自然不会好好吃饭。孩子吃的坚果、水果、葡萄干和乳酪等零食,里面虽然也含有大量营养物质,但这些东西肯定降低孩子吃正餐的欲望,孩子偏食、挑食等不良习惯的养成也就在所难免。因此,父母应该有意识地控制孩子吃零食的数量,循序渐进地纠正孩子偏食、挑食的坏习惯。

3. 和女儿一起为用餐做准备

父母做饭的时候,为充分调动孩子的兴趣,可让孩子一起做饭,或者买菜的时候带上孩子,让孩子对蔬菜等有更直观的认识。吃饭之前,让孩子帮着在厨房里张罗,比如摆放餐具、端菜、盛饭等。把用餐作为家庭中的一件大事来做,这样做孩子肯定能吃得比平常香。

4. 可以制定"尝一点"的规矩

父母要让孩子明白,家庭用餐是一种集体行为,不是自己一个人的事,不能只顾自己,什么东西自己喜欢吃,就一个人"包圆儿",自己不喜欢吃的东西连看都不看一眼。好吃的饭菜要尽量想着别人,对于不好吃的饭菜,即使自己根本没胃口,也应该出于照顾大家的目的,尽量多吃一点。让孩子养成吃饭时必须每一盘菜都尝一尝的好习惯,这样既能丰富孩子的饮食结构,还能培养孩子就餐的良好礼仪。

5. 可以改进烹调技术,增加饭菜的花样

父母可以在烹调上多下工夫,增加饭菜的花样,尽量把饭菜做得可口,增加孩子进餐的欲望。比如孩子不爱吃蔬菜,父母可以经常包馄饨、做饺子,把蔬菜切碎了混在一起做馅;孩子不爱吃肥肉,就把肥肉掺进瘦肉里剁成肉泥,然后做成肉丸子吃。

6. 要转移女儿对垃圾食品的注意力

当今社会,人们的生活水平得到了极大改善,物质生活可以说是极大丰富,食品尤其是零食更是琳琅满目,但是其中有些外包装非常光鲜的食品却是垃圾食品。很多女孩都爱吃零食,但很多零食都是垃圾食品,不仅不能为女儿提供充足的营养,而且垃圾食品中过量的人工色素、香精、防腐剂、增色剂、保色剂等会危害女儿的肝脏、肾脏、血液系统等,长期食用这些食品,会严重影响女孩的成长发育和智力发展。

由于快餐食品对人体的味觉会产生强烈的刺激,很多女孩都难逃这种"美味"的诱惑。而且,一旦孩子接受了这种"美味"的刺激后,就会对这种"美味"上瘾。

因此,父母要转移女儿对垃圾食品的注意力,把正餐做得赏心悦目一点,吸引女儿正餐食欲,让她在正餐时吃饱。比如,炒土豆丝的时候,放上一点青椒、胡萝卜丝等,这样不仅使这道菜味道鲜美,而且富有美感,女儿看到之后会非常喜欢,就不会把注意力转向没有营养的垃圾食品。另外,父母还可以多买一些水果代替甜味食品,转移女儿对垃圾食品的注意力,从而使她少吃垃圾食品,最好是不吃。

55

爱体育锻炼的女孩身体好

上体育课时,别人都在进行体育运动,灿灿却拿着一本书坐在草地上阅读。老师和同学都认为灿灿是一个爱学习的人,因此也没有人去邀请她一起锻炼。渐渐地,妈妈发现灿灿经常感冒发烧,体质比较差。

妈妈通过跟灿灿谈心,才意识到这是自己不支持灿灿参加户外运动导致的。为了弥补自己的过失,妈妈便跟灿灿商量是否参加乒乓球训练班。灿灿愉快地同意了。很快,灿灿练就了一手很好的乒乓球技术。在班级里,乒乓球技术没有人能超过灿灿。通过与同学切磋乒乓球技术,灿灿也变得更加活泼了,而且体质也变好了,感冒发烧再也不像以前那样频繁地来打扰她。

读故事悟道理

常言道:"生命在于运动。"运动会让人保持旺盛的活力,能带给人一副健康的体魄。体育锻炼对女孩来说是非常重要的,甚至还能影响女孩的性格,陶冶女孩的情操,也有利于她结识更多的朋友。如果女孩经常参加运动,那么她不仅会有健康的身体,还会有很多的朋友。如果一个女孩从不参加锻炼,那么她将错过生命里很多美好的东西。

培养完美女孩指南

运动不仅可以保持健康的身体,而且还能使女人光彩照人、容颜焕发。所以,作为父母,一定要让女儿经常参加体育活动,养成经常锻炼的好习惯。为了培养女儿热爱运动的习惯,专家给父母提出如下方法和建议。

1. 要培养女儿爱运动的兴趣

有位名人曾说:"我认为对于一切情况,只有热爱才是最好的老师。"这就是说,一个人一旦对某件事产生兴趣,就会主动去实践。在实践中会产生愉快的情绪和体验,从而促使其全身心地投入到感兴趣的事情中去,进而作出骄人的成绩。

只有对体育运动产生兴趣,女孩才会更加热爱体育锻炼。比如,父母可以经常带女儿去参加户外运动,让她去呼吸新鲜的空气,感受户外运动的乐趣;父母还可以带女儿去观看体育比赛,让她去感受现场那种热烈的气氛,用运动的氛围去感染她,从而让她爱上体育运动,对运动产生兴趣。

2. 要给女儿创造运动的条件

父母要积极创造条件,鼓励、支持女儿参加各种体育锻炼,以增强女儿身体各部位的机能和适应环境的能力,增强女儿的体质。现代都市一般居住环境比较狭窄,女孩在家里的活动空间有限,父母应在适当的时间给女儿安排一些户外活动,让女儿多跑跑、跳跳,参加一些体能锻炼。这样既可以训练女儿有敏捷的身手,又可以锻炼女儿的体魄和胆略。

训练女儿的运动能力,应该为她准备场地,场地必须安全。父母不要整天将女儿关在家中,女儿从幼儿园出来时,总希望在外面玩一会儿,这时父母不要急着把女儿带回家,应该让她做些必要的户外活动,可以在居住地的周围找一块空地让女儿蹦蹦跳跳。有些住宅区周围过往的车辆很多,父母应该特别注意安全。

孩子如果为运动而运动,就会感到枯燥,父母可以为女儿配置必要用具,增加活动的兴趣性,如球类、橡皮筋。另外,为了方便女儿运动,应该让她穿运动鞋和运动服。

3. 让女儿养成爱好锻炼的生活方式

3~12岁是人形成良好习惯的关键期,此时女孩在生理上处于生长发育和素质发展的敏感期,人的可塑性大,最容易接受成人的引导与训练,正是养成自觉锻炼身体习惯的好机会。如果错过了,随着人的年龄的增长,由于受旧习惯的干扰,新习惯就难以形成。

4. 可参与女儿的运动游戏

由于许多独生子女缺少玩伴,所以父母就不可避免地要充当这一角色——当女儿的玩伴,如与女儿一起拍球、传球、单腿跳等。尤其是 5～10 岁的女孩竞争意识增加,她们重视行动后的结果,所以父母与女儿一起玩,可以提高女儿的运动兴趣。

运动能给女孩带来无穷的活力,能够促进女孩的身体成长,同时也能够锻炼女孩的意志和品格。锻炼身体是促进身体健康的重要途径,从小训练女儿,让女儿自觉锻炼身体,可以省却父母很多不必要的烦恼。

5. 要帮助女儿选择合适的运动

父母应该根据女儿的年龄和身体特点选择适合她的体育运动。比如,举重、铅球等运动一般不适合小学阶段的女孩;有的女孩喜欢跳舞,父母可以给她报名参加舞蹈训练班。

另外,父母还要根据女儿的性格特点帮她选择运动形式。比如,不太合群的女孩可以选择篮球、足球、排球等团体项目,让她感受体育运动的乐趣,从而逐渐改变她的孤僻性格;优柔寡断的女孩可以选择乒乓球、羽毛球、网球等运动,从而锻炼她的果敢性;性情急躁的女孩可以选择太极拳、射击、射箭等需要考验控制力的运动,以稳定她的情绪。

女孩一旦找到适合自己的运动,就会感受到运动带来的快乐,从而愿意主动进行体育锻炼。慢慢地,女孩就会养成经常锻炼的好习惯。

6. 运动要循序渐进地进行

父母要告诉女儿:一定要循序渐进地进行体育锻炼。要让她明白,大楼不是一天建成的,要一步一个脚印地去锻炼,不要急功近利。在女儿循序渐进的锻炼中,父母也要对女儿进行适当的监督,让她坚持下去。其实,一个好习惯的养成,关键就在于坚持。只要女孩坚持不懈,持之以恒,慢慢地就会喜欢锻炼和爱上运动,那么她养成经常锻炼的好习惯也就是水到渠成的事情了。

56

对女秘书口述的格言

拿破仑·希尔曾经聘用了一位年轻的小姐当助手,让助手替他拆阅、分类及回复他的大部分私人信件。当时,助手的工作是听拿破仑·希尔口述并记录信的内容,她的薪水和其他从事类似工作的人大约相同。有一天,拿破仑·希尔口述了下面这句格言,并要求她用打字机把它打下来:"记住:你唯一的限制就是你自己脑海中所设立的那个限制。"

当她把它打好交给拿破仑·希尔时,她说:"你的格言使我获得了一个想法,对你我都很有价值。"

这件事并未在拿破仑·希尔脑中留下特别深刻的印象。但从那天起,拿破仑·希尔可以看得出来,这件事在她脑中留下了极为深刻的印象。她开始在吃完晚餐后回到办公室来,并且从事不是她分内而且也没有报酬的工作。她开始把写好的回信送到拿破仑·希尔的办公桌来。她已经研究过拿破仑·希尔的风格,因此这些信回复得跟拿破仑·希尔自己所能写的一样好,有时甚至更好。她一直保持着这个习惯,直到拿破仑·希尔的私人秘书辞职为止。当拿破仑·希尔开始找人来补这位私人秘书的空缺时,很自然地想到这位小姐。但在拿破仑·希尔还未正式给她这个职位之前,她已经主动地接受了这个职位。她在下班之后以及没有领取加班费的情况下,对自己加以训练,终于使自己有资格出任拿破仑·希尔属下人员中最好的一个职位。

此外,这位年轻小姐的办事效率太高了,因此引起其他人的注意,别人也开始提供很好的职位请她担任。拿破仑·希尔已经多次提高她的薪水,她的薪水现在已是她当初来拿破仑·希尔这儿当一名普通速记员薪水的四倍。

读故事悟道理

认真是一种态度,有了认真的态度,就没有一个困难不会被逼进死角,然后迎刃而解。认真做事是每一个伟人之所以成为伟人的共同性格。能认真做好每一件小事的人,一定能够做好一件了不起的大事。

培养完美女孩指南

做父母的都知道,现在很多孩子都是马虎成性。而在学校里,大多数教师都更喜欢比较认真刻苦的孩子,而有了老师的关注,这样的孩子成绩自然会比较好。同时,有了认真的良好习惯,孩子不但极少犯错误,到了社会上也会被人们夸耀。因此,父母从小就应该让孩子养成认真的好习惯。那么,具体应该怎样做呢?

1. 要培养女儿认真书写的习惯

写字潦草是很多孩子的通病。为了克服这样的毛病,一是需要父母的示范作用。父母要尽力把字写得工整、美观,使孩子受到潜移默化的影响。二是对孩子的书写提出具体明确的要求——正确、整洁、美观。三是给孩子作出适度积极评价。

此外,父母要让孩子向写字好的孩子学习,对于孩子的小小进步,要进行及时表扬。这也是培养孩子认真书写的一个好方法。

2. 要让女儿养成认真审题和计算的习惯

许多孩子计算出错多是由于审题不仔细、抄错数或不认真检查。所以,父母要让孩子养成认真审题、计算和检查的良好习惯。在孩子做功课时,父母可教育孩子不要忙于解题,一定要把数量关系搞清楚。当她出现错误时,不要急于问:"怎么错的?为什么出错?"而是让她把这道题目的意思弄明白。这时如果孩子叙述不清,就要她把题目再读一遍。

在做计算题时,为了避免粗心导致的错误,应要求孩子做完习题要检查。一旦发现错误,要立即改正,久而久之,她就养成了认真检查的习惯,计算的正确率就会有明显的提高。

3. 要培养女儿做小事也必须认真的习惯

认真与否是衡量一个孩子学习态度和发展前途的重要标准。有时,当孩子独自面对一个问题,总会觉得要自己独立完成太难,于是可能求助于父母或旁人,或表现出等待、拖延和不认真的态度。这时,父母应该告诉孩子,无论做什么事,无论事大事小,都要认真去做。要让孩子对每一件小事认真、负责,养成做事认真的态度和习惯。有了这样的习惯,孩子会终身受益。